Groupe Artège
Editions du Rocher
28, rue Comte Félix Gastaldi – 98000 Monaco
9, Espace Méditerranée, 66000 Perpignan
www.artege.fr

ISBN : 978-2-268-07636-2

La Magie de MOSCOU

VLADIMIR FÉDOROVSKI

Sommaire

Le Kremlin.

Introduction

SI SAINT-PÉTERSBOURG NOUS FAIT RÊVER, Moscou nous fascine par son lourd passé. Sa chronique est remplie d'orgies, de meurtres, de complots, d'abandons soudains et de redressements cruels. Moscou reste le symbole de cette « énigme drapée de mystère », dont parlait Winston Churchill.

Derrière les murs du Kremlin, le pire comme le meilleur s'est cultivé à travers les siècles : Dieu, les rêves de grandeur, d'évasion, d'aventure, la fuite en avant, et l'avenir. Les souverains, à travers leurs triomphes, leurs reculs, les tragédies ou les folies, ont souvent poursuivi les mêmes buts. Leurs victoires et les enseignements nés de leurs défaites, tout ramène à Moscou où se dressent des cathédrales votives ou expiatoires. Les tsars y ont été couronnés et ensevelis, souvent assassinés.

Cette ville insolite, qui fut fondée par hasard pendant une partie de chasse miraculeuse, demeure au cœur de l'histoire depuis Ivan le Terrible jusqu'à Vladimir Poutine. En ces lieux, le monde slave a donné libre cours à son génie, le meilleur et le pire, laissant l'esprit cartésien déconcerté.

À Saint-Pétersbourg, un voyageur se trouve déjà quelque part en Europe, à Moscou, il plonge dans l'univers magique d'une Russie authentique. L'aventure, le défi et surtout le sang, de siècle en siècle, d'année en année, ont scellé ses pierres, teint toutes ses icônes.

La fondation de MOSCOU

L'HISTOIRE DE MOSCOU COMMENCE par une légende extraite d'un ancien recueil historique russe :

« La nuit était noire et orageuse quand le boyard dénommé Koutchka parvint à un bosquet, près d'un affluent de la Moskova. L'homme et sa suite passèrent la nuit dans une hutte de chasseurs. Le lendemain matin, alors que le soleil commençait à dorer les cimes des bouleaux et des sapins, il fit sonner les cors pour annoncer la poursuite du sanglier qui apparut soudain, immense, féroce.

Les chasseurs s'apprêtaient à fuir lorsqu'ils virent un oiseau se détacher du ciel et foncer sur la bête. C'était un oiseau de proie, aux formes étranges, qui paraissait avoir deux têtes. Ses pattes et ses deux becs faisaient penser à une fourche. Le boyard et ses gens eurent encore plus peur de ce monstre que du sanglier. Aussitôt, ils arrêtèrent la chasse. Le rapace s'abattit sur le sanglier, le saisit entre ses griffes puissantes et le déposa sur la colline qui domine la Moskova… »

Très impressionné par cet événement, le boyard décida d'édifier sur ce lieu situé exactement au centre géographique de la Russie d'Europe, une bourgade de chasseurs qui allait devenir Moscou. Quant au sommet de la colline où l'oiseau bicéphale (l'ancêtre de l'aigle russo-byzantine à deux têtes, symbole de l'empire des tsars) avait abandonné le sanglier déchiré, fut plus tard érigé le Kremlin. De toutes parts, des forêts et des tourbières l'entouraient, lui donnant ainsi une protection efficace. La rivière qui traversait la bourgade put être utilisée, dès le début de l'« ère moscovite », comme liaison entre la Volga et l'Oka, les deux grands fleuves de la Russie.

Un fossé camouflé avec des branchages et des troncs d'arbres y fut creusé ; ainsi fut créée une sorte de prémisse du Kremlin de Moscou.

En effet, *kremln*, en russe, signifie « forteresse », en général. Les Russes donnent le nom de *kreml* ou *kremlin* à un quartier, le plus souvent situé au milieu d'une ville, et entouré d'un rempart et d'un mur.

Il existe ainsi des kremlins dans plusieurs villes. Le plus connu restant celui de la capitale russe.

Le Kremlin marque le centre géographique de Moscou et le centre politique de la Russie à travers les siècles puisqu'il est désormais la résidence officielle du

10

Intérieur du Grand Palais du Kremlin.

président de la Fédération de Russie après avoir été celle des tsars mais également des dirigeants soviétiques.
Les premiers établissements humains de Moscou, remontant à la préhistoire, furent fondés sur une éminence dominant la rivière Neglinnaïa à l'endroit où celle-ci rejoint la Moskova, et que l'on nomme colline Borovitskaïa.

En l'année 1147, ce village appartenait déjà à Youri Dolgorouki. *Dolgorouki* veut dire en russe « mains longues », surnom qui lui avait été donné pour avoir voulu s'approprier des villes aussi éloignées que Kiev et Novgorod.
Ce prince y invita son ami et allié le prince de Novgorod-Seversk, à lui rendre visite. « J'ai hâte de te voir, mon frère, écrit-il ; J'attendrai ta visite dans la bourgade fortifiée à la frontière de nos principautés, "la bourgade de Moscou".»
Ainsi pour la première fois, le nom de Moscou était-il mentionné en référence au nom de la rivière qui traversait la ville.
Un festin grandiose eut lieu sur ses bords à cette occasion.
Voici le témoignage de l'ambassadeur extraordinaire du khalife de Bagdad qui traversait à ce moment ces parages :
« Moi, Ahmed ben Foszlan ben Abbas, tenant à ce que la vérité soit connue sur ces peuples mystérieux, je certifie : ce prince des Russes compte parmi ses sujets quatre cents des plus braves et des plus sûrs guerriers que l'on connaisse. Ils font partie de sa suite et l'accompagnent dans ses voyages. Ces guerriers sont prêts à se sacrifier pour leur prince ou à mourir avec lui. Chacun d'eux a une fille pour le servir, lui laver les cheveux, préparer sa nourriture, verser sa boisson et partager sa couche. Ces quatre cents jeunes filles s'assoient à même le sol, au pied de la très grande et très haute estrade princière qui est ornée de pierres précieuses apportées d'au-delà de cette montagne d'Oural où l'on trouve les émeraudes, les turquoises,

Cathédrale Saint-Basile-le-Bienheureux.

les rubis, les améthystes et les saphirs… »
Ce premier festin de Moscou fut somptueux et ne dura pas moins de trois jours et trois nuits.
« Lorsque les princes russes entament une négociation diplomatique - raconte encore l'ambassadeur du khalife - ils la font d'abord précéder d'une bacchanale en présence de leurs proches. Cependant je me suis pourtant aperçu que les princes russes faisaient parfois semblant de boire ou buvaient tout simplement de l'eau, tout en faisant servir à leurs invités de grandes quantités d'hydromel. Sans doute, espèrent-ils ainsi diminuer les facultés de leurs interlocuteurs. J'ai été le témoin de la signature d'un accord entre deux princes russes, dont l'un signa un document, dans l'incapacité absolue de comprendre ce qu'il faisait. Il s'empressa, d'ailleurs, une fois dégrisé, de contester sa signature. Je me suis également aperçu que les jeunes filles qui assistent à ces orgies, viennent en aide à leur maître, en envoûtant de leur charme les négociateurs de la partie adverse. On aménage à cet effet un endroit spécial où elles s'occupent d'eux pour leur appliquer de l'eau froide et les dégriser, tout en s'offrant à eux, pour les retenir, dans un chalet de bois, d'aspect rudimentaire à l'extérieur, mais d'une richesse raffinée à l'intérieur. »
Remarquons que Staline utilisera les mêmes procédés huit siècles et demi plus tard.
Quoi qu'il en soit, ce premier festin fut une pleine réussite. Les deux princes burent, dansèrent et chantèrent, avant de procéder à la signature de l'accord qui allait renforcer leur alliance. Une certaine méfiance régnait cependant entre les deux interlocuteurs. D'autant plus que les *Iazoutchiki* (espions en russe ancien) apportèrent une nouvelle troublante : on entreprenait l'érection de fortifications considérables dans le village de la principauté voisine.
Mais dans quel but ces fortifications étaient-elles faites ? Le prince de Novgorod avait-il l'intention de pénétrer un jour jusqu'à Moscou, non pas en allié, mais en ennemi ? Les espions accumulèrent des preuves irréfutables de la duplicité de ce dernier. Dès la fin de la conférence des deux pseudo-alliés, le prince Dolgorouki donna l'ordre d'ériger une véritable forteresse - un kremlin- sur la colline.
Le destin du Kremlin changea pour la première fois en hiver 1237-1238 quand des hordes de Gengis Khan, commandées par son neveu, khan Baty Ier, traversèrent la plaine russe en incendiant les villes et les villages, en pillant, en violant, en massacrant.
En marchant vers le nord-ouest, les Mongols s'étaient approchés de Moscou croyant atteindre Novgorod où ils espéraient trouver cette « ville pleine des trésors » dont leur parlaient leurs espions. De la hauteur des monts des Moineaux, à l'endroit même où Napoléon rêvait en 1812 de rencontrer les « boyards » portant les clefs du Kremlin, signe de la

Vue sur la Place des cathédrales au Kremlin.

soumission de la capitale, le chef mongol avait vu le Kremlin. Le neveu de Gengis Khan ne prévoyait pas d' y trouver un riche butin, mais ce guerrier expérimenté comprit immédiatement l'importance stratégique de la ville. Sa décision fut prompte. Et cent vingt mille guerriers attaquèrent les trois mille défenseurs de Moscou…

Dans la soirée, Moscou étaient aux mains des Mongols. Assis dans la grande pièce du Kremlin, avant de le faire incendier, les envahisseurs fêtèrent leur victoire. Le neveu de Gengis Khan but dans une coupe faite du crâne d'un prince russe tué par la cavalerie mongole.

Désormais la possession du titre de grand-prince russe dépendait du bon vouloir du khan. En 1317, celui-ci l'attribua à son beau-frère, le prince Georges de Moscou. Ce geste symbolique confirma à la fois la totale soumission de cette principauté aux Mongols et la puissance croissante de cette ville.

À vrai dire, depuis quelque temps déjà, cette ascension moscovite était perceptible.

En 1263 Moscou avait été donnée par le plus puissant des princes russes Alexandre Nevski, à son fils cadet Daniel. Homme d'action par excellence, celui-ci avait su l'agrandir sans inquiéter le khan. Son fils Georges (1303-1325) continua son œuvre subtile d'expansion et de sujétion aux Mongols, ce qui lui valut le titre de grand-prince.

Le prince Ivan Ier Kalita (1325-1341), le frère de Georges, donna une véritable impulsion à la puissance de cette ville et en devint la figure symbolique de Moscou. À la fois bon administrateur, financier prévoyant et brillant chef de guerre, il réussit l'annexion de l'importante principauté de Vladimir. Les lourds tributs payés à la Horde d'Or lui assurèrent la passivité mongole. Et, avec grande habileté, il sut attirer à Moscou le métropolite de Russie) qui résidait à Vladimir depuis XIIIe siècle.

La forteresse, constituée d'un talus de terre de huit mètres de haut surmonté d'une palissade de trois mètres, est signalée du nom de Kremlin pour la première fois en 1331, lorsque ce prince Ivan Kalita (1325-1340) la fait entourer d'une enceinte de pieux de chênes.

À l'époque Moscou, n'avait pas encore l'aspect majestueux que lui donneront les premiers tsars russes. Elle était alors protégée par des clôtures en bois armées de piliers et renforcées par quelques tours. Sur la colline, on avait aménagé un enclos entouré de murs de pierres ou de briques mal séchées. Moscou, alors, était tout au plus une forteresse frontalière, un point de passage obligé du nord vers le sud, et un nœud de navigation fluviale. Le Kremlin était avant tout une place forte chargée de protéger ses communications.

Avant de mourir ce prince inaugura une des importantes coutumes du Kremlin en rédigeant son testament « privé » et son testament « politique ».

« Au nom du Père et du Fils et du

La place de la cathédrale dans le Kremlin de Moscou, Fedor Alekseev.

La place rouge à Moscou, Fedor Alekseev, 1801.

Saint-Esprit, moi, le pécheur et esclave de Dieu, Ivan, je fais ce testament sans y être contraint par qui que ce soit et étant intègre d'esprit et de corps. Dès que Dieu mettra fin à ma vie, je déclare donner ce qui m'appartient à mes fils et à ma princesse bien-aimée. Je laisse mon apanage de Moscou à tous mes fils, sauf le Kremlin qui ira à mon fils aîné Siméon grand-prince de Moscou. »

Ce testament, contresigné par les boyards de la Cour, fit du Kremlin la propriété privée du grand-prince, qui succéda à son père. Le célèbre historien russe Kloutchevski, non sans ironie, nota en 1903 le passage suivant du testament : « Quant à deux de mes pelisses endommagées par les mites, qui se trouvent dans la petite garde-robe au sous-sol du Kremlin, j'en fais cadeau à ma femme, afin qu'elle puisse les offrir à ses serviteurs les plus dévoués et zélés. »

Ainsi, Ivan Kalita, le « Rassembleur des Terres Russes », n'avait pas oublié à l'heure de sa mort ces deux pelisses mangées par les mites, tout en parlant dans son testament des affaires les plus importantes !

Ce château « personnel », le Kremlin, devint alors l'arène d'une lutte permanente et sans merci.

Construction du métro.

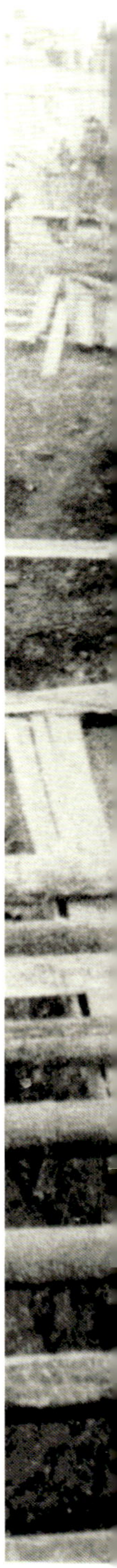

Une Moscou SOUTERRAINE

À 6 KM AU SUD DE LA PLACE ROUGE, une ville souterraine serait capable d'abriter 30 000 personnes influentes et leurs familles pendant trente ans en cas de guerre nucléaire. À l'origine, Ivan le Terrible avait fait construire sur ce site des souterrains permettant à ses miliciens de gagner secrètement différents quartiers de la ville depuis le palais. Au XXe siècle, le KGB les utilisa comme prison et y creusa un tunnel les reliant à ses quartiers généraux. C'est Brejnev, qui dans les années 1960 et 1970, entreprit des travaux pharaoniques qui aboutirent à la création de ce complexe souterrain de 2 ha, s'enfonçant dans le sol sur plusieurs niveaux. Il posséderait des salles de cinéma, des piscines et des dépôts remplis de nourriture ; et même des rues accessibles aux voitures, ainsi que sa propre ligne de métro, métro bis, reliant le complexe au centre de Moscou et à l'aéroport de Vnukovo. Outre cette ville, à propos de laquelle le Kremlin reste muet, on raconte que les sept ministères de Moscou possèderaient leur propre structure bis en sous-sol, d'une profondeur égale à leur hauteur, chacune ayant sa station de métro bis, et autres liaisons secrètes avec la ville souterraine …

Komsomolskaïa, station de métro.

Vue d'une partie des cathédrales du Kremlin.

Moscou, la troisième ROME

SOUS LE GRAND-PRINCE VASSILI Ier (1389-1425), comme sous son fils Vassili II (1425-1469), Moscou continua son essor en profitant notamment de l'affaiblissement des Mongols de la Horde d'Or minée par des luttes intestines.
Au milieu du XVe siècle, Moscou maîtrisait déjà un territoire de près de 700 000 km. La grande principauté moscovite était devenue le plus vaste État russe qui ait jamais existé depuis le temps de la splendeur de saint Vladimir Monomaque, grand-prince de Kiev.
En même temps, l'Empire byzantin, qui avait tant donné aux Russes, s'éteignait progressivement sous les coups des Turcs. En un ultime sursaut, l'empereur Jean VIII rechercha l'aide occidentale, au prix de l'union religieuse avec Rome. Dans ce but, un concile était convoqué à Florence en 1439. Par souci de fidélité au patriarche de Constantinople, le métropolite de Moscou y adhéra. La crise éclata alors, ce dernier fut désavoué puis déposé en 1448 et remplacé par un autre, sans consultation ni confirmation par le patriarche de Constantinople.
À partir de cette date, le grand-prince de Moscou se réserva le droit de nommer lui-même le métropolite. L'Église russe était devenue nationale et indépendante.
En 1453, Constantinople tombait aux mains des Turcs et la capitale de l'orthodoxie passait sous la tutelle musulmane. Face à cette vague dévastatrice, les Russes se percevaient dorénavant comme l'ultime rempart du christianisme.
Moscou, ville du grand-prince comme du métropolite, ville de la force renaissante unie à la foi orthodoxe préservée !
Grâce au fils de Vassili II, Ivan III (1462-1505), la Moscovie se libéra totalement de sa tutelle asiatique.
Ivan III se considérait comme héritier légitime du grand-prince de Kiev. Il ne pouvait supporter la moindre dépendance. Aussi ne se soucia-t-il pas de demander au grand khan la confirmation de son titre princier. Il refusa même de payer son tribut.
L'intervention d'un agent secret allait bientôt changer le destin du Kremlin.
En 1470, un homme mystérieux s'y présenta comme venant de Rome ; il avait l'allure d'un haut fonctionnaire ecclésiastique et aussi d'un aventurier, grand, svelte, il était passé maître dans le maniement de

Cathédrales du Kremlin.

Cathédrale de la Dormition.

l'épée, très versé dans l'histoire occidentale et orientale, parlant couramment le latin et le grec.

Il révéla son identité : Antoine Paléologue, petit-cousin de Thomas Paléologue, qui était le frère du dernier empereur de Byzance, Basileus Constantin, tué en 1453, lors de la prise de Constantinople par les Turcs. Antoine Paléologue était chargé d'une mission confidentielle : la fille de Thomas Paléologue, la princesse Sophie, avait atteint l'âge du mariage. Son père proposait la main de la princesse au grand-prince de Moscou…

Après le désastre de 1453, Sophie s'était réfugiée à Rome. Elle cherchait une alliance contre les Turcs ; or la Russie représentait de nouveau une force véritable.

Le pape, lui, pouvait espérer qu'un tel mariage favoriserait le rapprochement entre l'Église orthodoxe russe et l'Église catholique romaine dans l'esprit du concile de Florence.

Quant à Ivan III, unir le sang des princes russes à celui des Paléologues, c'était faire du grand-prince de Moscou l'héritier non seulement de Kiev mais aussi de Byzance.

À Rome on n'ignorait pas qu'Ivan III avait perdu en 1467 sa première femme et qu'il cherchait à se remarier avec une princesse appartenant à la plus haute aristocratie.

Sophie Paléologue arriva à Moscou en 1472, accompagnée d'une suite nombreuse. Afin de manifester clairement la prodigieuse ascension de Moscou, Ivan III ajouta sur ses armes, l'aigle à deux têtes byzantine au saint Georges de sa propre dynastie. Il introduisit à la Cour moscovite tout le cérémonial impérial, s'entoura de lettrés grecs, ainsi que d'artistes et de techniciens italiens dont Sophie avait pu apprécier les qualités lors de son exil romain.

La princesse avait en effet emmené avec elle, de Rome, toute une pléiade d'architectes italiens.

En effet la Renaissance a transformé le visage de Moscou.

Ivan III voulait de nouvelles idées pour incarner son puissant État centralisé, et surtout cherchait à bénéficier des dernières technologies les plus sophistiquées. Il a donc recruté les meilleurs architectes de la Renaissance pour travailler à Moscou.

Au Kremlin, se rencontrent les différentes écoles de la Renaissance italienne – vénitienne, bolonaise et milanaise – enrichies par des idées russes. Cela donne naissance à un nouveau style très intéressant, à l'origine d'une révolution dans l'architecture moscovite.

Au tournant des XVe et XVIe siècles, comme dans la plupart des pays européens, la Renaissance a donc investi l'architecture russe.

Ivan leur demanda notamment de rebâtir en pierre – symbole de puissance et de richesse – le Kremlin de Moscou et ses églises, qui avaient été initialement construits en bois.

Ainsi furent érigées, en trente ans, quatre églises de première importance.

L'architecte bolonais Fiorovanti amené par Sophie Paléologue refusa de restaurer une ancienne cathédrale en ruine. Il ouvrit alors une usine de briques et utilisa de nouveaux matériaux.

L'architecte bolonais Fiorovanti associera habilement les exigences orthodoxes aux dernières découvertes de la Renaissance.

En 1475-1479 s'éleva la cathédrale de la Dormition, nécropole des métropolites russes et, depuis 1589, des patriarches, lieu de couronnement et de mariage des grands-princes, puis des tsars et des empereurs russes. On y remarque beaucoup de reliques, et une image de la Vierge, enrichie de pierreries et attribuée à saint Luc. En seulement quatre ans, un véritable chef-d'œuvre était né : la cathédrale de la Dormition avec ses cinq dômes.

Un chroniqueur du temps rapporte : « Cette église est admirable tout à la fois par ses dimensions, sa hauteur, la luminosité, la sonorité et l'espace. »

Fiorovanti a aussi initié la construction des murs du Kremlin.

La plupart des murs et des tours du Kremlin ont été aussi construits par des Italiens notamment par Pietro Antonio Solari, originaire de Milan. Un autre architecte milanais, Marco Ruffo, en a également signé certaines autres. Solari et Ruffo ont construit le palais à Facettes (1487-1491). Cet édifice est ce qui subsiste d'un vaste palais royal qui, lui, n'a pas survécu. C'était une salle de réception pour les cérémonies officielles majeures.

Clocher d'Ivan le Grand.

La chambre était intégrée au palais, et c'est l'un des seuls vestiges de cet édifice.
Ivan III n'a jamais vu la cathédrale de l'Archange, un autre chef-d'œuvre architectural issu de l'école vénitienne de la Renaissance. Son créateur, Aloisio de Montagnano, est arrivé en Russie un an avant la mort du prince. Le clocher d'Ivan le Grand (82 m, 1505-1508) a été construit par l'architecte italien Bon Friazin. Situé près de la cathédrale de l'Archange, c'était la construction russe la plus haute à cette époque.
Après le passage des architectes italiens au Kremlin, l'architecture russe est devenue plus radieuse, lumineuse et pittoresque. Mais les architectes italiens ne se sont pas cantonnés au Kremlin.
La première église russe en pierre et aux toits en pavillon, commandée par Vassili III pour célébrer la naissance de son fils, connu plus tard comme Ivan le Terrible, fut construite dans la résidence d'été des souverains russes située à quelques kilomètres au sud-est de la capitale, à Kolomenskoe (aujourd'hui intégré à Moscou). D'ailleurs son créateur, Pietro Annibale, comme de nombreux autres architectes italiens, n'a jamais pu quitter la Russie. Selon la transcription de son interrogatoire conservé dans les archives russes, il voulait s'enfuir mais il a été arrêté à la frontière.
En digne héritier de son père, Vassili III (1505-1533) acheva le rassemblement des terres russes et la soumission au Kremlin des membres des anciennes familles princières comme des boyards. Et il ne se contenta pas de ne plus payer son tribut aux Mongols, il les attaqua de front. Moscou confirmait ainsi son orientation conquérante vers l'est. Dès lors l'Église devint pleinement une puissance temporelle sans complexe, au service de l'idée de la Sainte Russie. Or celle-ci avait un chef, le grand-prince, fils de Ivan III et Sophie Paléologue, dans ses veines coulait le sang des empereurs byzantins.
Sous l'égide de ce souverain, les Russes avaient désormais la mission de rétablir le plein rayonnement de la vraie foi.
Moscou était devenue la Troisième Rome comme l'avait prédit au XIIIe siècle le moine Philothée. La première était tombée en raison des coups des barbares et des égarements des hérétiques. La seconde - Constantinople - avait été submergée par la malfaisante vague turque. Moscou, son héritière, était la troisième et dernière cité choisie par Dieu pour le servir.

Portrait d'Ivan le Grand.

Vassili Ier, gravure sur cuivre, seconde moitié du XVIIIe siècle.

Vierge de Smolensk.

L'art de L'ICÔNE

L'ART DE L'ICÔNE DEVIENT UN SYMBOLE de cette mission. En célébrant le rite de consécration des icônes, l'Église orthodoxe demandait à Dieu de faire descendre sur l'image tracée par une main humaine les lumières du Saint-Esprit, afin de conférer à l'icône le pouvoir miraculeux de guérir les maladies et d'expulser les démons.
« Ce n'est pas devant d'impuissantes images que nous nous prosternons, nous, croyants … En gravant les traits de la ressemblance, nous la maintenons, nous l'adorons … nous y puisons la grâce du salut », répétait souvent Diaghilev, grand connaisseur de l'art et fondateur des ballets russes, pour qui l'icône était « un mystère, et l'art de la peindre, une entreprise sacrée. »
En effet, l'artiste ne pouvait être qu'un fidèle orthodoxe dont une grande pureté d'âme soutenait le talent. Il se préparait à son travail par le jeûne et la prière.
Est-ce un hasard si des années plus tard, Diaghilev consacra la première de ses grandes expositions à Paris à « l'art de l'icône » ?
Placé dans cette disposition d'esprit idéale, la famille Diaghilev intégra l'icône à la vie domestique. Aucun acte important ne se déroulait sans leur intervention. Les icônes veillaient sur les malades, sur les moribonds, suivaient les défunts au cimetière, éclairaient une naissance, servaient de témoin solennel aux grandes affaires et aux petits serments. Par exemple, quand un jeune homme demandait la main d'une jeune fille, les parents bénissaient les fiancés avec l'icône de la maison qui accompagnait la jeune mariée lorsqu'elle se rendait à l'église le jour de son mariage.
Ou quand un membre de la famille s'apprêtait à partir pour une longue randonnée, tous se réunissaient devant l'icône, s'asseyaient, se recueillaient en silence, puis se levaient, se signaient et embrassaient le voyageur en lui souhaitant bonne route …
Selon les princes moscovites il existait un véritable rapport mystique entre l'image et son modèle divin. La copie participait à l'essence de celui qui l'avait inspirée.
Le saint auquel pensait l'artiste pénétrait dans l'œuvre de celui-ci et la transfigurait, la vivifiait en quelque sorte. Si le modèle était présent dans l'icône, la force divine du modèle y était également déposée. Saint Jean de Damas ne disait-il pas que « l'icône était une substance pleine d'énergie divine, de force et de grâce » ?
En effet, l'artiste ne pouvait être qu'un fidèle orthodoxe dont une grande pureté d'âme soutenait le talent. Il se préparait à son travail par le jeûne et la prière.

Notre-Dame de Vladimir, XIe siècle.

Saint Georges, XI – XIIe siècle.

Ivan le Terrible, Viktor Vasnetov, 1897.

Ivan LE TERRIBLE

AVEC IVAN IV DIT IVAN LE TERRIBLE (1547-1584), Moscou devenait pleinement capitale impériale. Il ne s'agissait plus seulement de restaurer la puissance, mais aussi et surtout d'assurer universellement le triomphe de l'orthodoxie.
Ivan IV fut le tsar de tous les excès, ce qui se manifesta dès son plus jeune âge. Il prenait, par exemple, un malin plaisir à jeter des animaux du haut des tours du Kremlin ou, s'il perdait à un jeu, à faire exécuter le ou les gagnants. Sans parler de son divertissement favori, qu'il pratiqua d'ailleurs toute sa vie, qui consistait à lâcher un ours enragé dans la foule pour contempler, avec un plaisir pervers, la couleur du sang, et humer l'odeur de chair humaine.

L'explication de cette cruauté précoce réside sans doute dans le fait qu'Ivan, dès sa petite enfance, fut confronté au spectacle du mal. La mort prématurée de ses parents le laissa seul face aux deux grandes familles de boyards, les Chouïski et les Belski, qui firent office de tuteurs. Dans les salles sombres et voûtées du Kremlin, les deux clans n'hésitaient pas à se livrer sous ses yeux à des règlements de comptes sanguinaires, pour s'emparer du pouvoir. La peur, fléau qui hante les tyrans, entra dans l'âme du jeune prince pour ne jamais la quitter. Dès lors, son cerveau d'enfant ne nourrit plus qu'une idée fixe : se débarrasser de l'omniprésence des boyards au Kremlin.
Contrairement à ce qu'espéraient ses tuteurs, Ivan ne se laissa pas manipuler par eux et s'imposa vite comme le véritable homme fort du Kremlin. À seize ans, en 1547, il exigea de se marier, puis se fit sacrer tsar dans des fastes sans précédent. Pour la circonstance, il confirma ses dons littéraires en inventant lui-même la légende

Trône en ivoire d'Ivan le Terrible.

selon laquelle le collier, le sceptre et la couronne reçus lors de sa consacration étaient ceux que l'empereur Constantin avait légués à son petit-fils, qui les aurait conservés jusqu'à la venue d'un héritier digne du souverain byzantin.
Scellant l'union du trône et de l'autel, le jeune tsar commença son règne au Kremlin en s'arrogeant tous les droits. Et, bien que son amour pour Anastasia, sa première femme, fût aussi sincère que sensuel, il ne le fit nullement renoncer à sa vie dissolue.
Au cours des années qui suivirent, Ivan remporta de nombreuses victoires sur les Tartares et agrandit son royaume vers l'est et le sud-est. Après de longues délibérations et des messes solennelles, il quitta Moscou en direction de la Volga, pour reconquérir la ville de Kazan, symbole de la présence tartare sur la terre russe. L'artillerie et les explosions d'une dizaine de tonneaux de poudre sous ses murs firent tomber la ville, le 2 octobre 1552, après un siège de six semaines. Plus tard l'armée russe s'empara de la forteresse d'Astrakhan, située à l'embouchure de la Volga. Ainsi le fleuve des Tartares, l'Itil, devint-il le fleuve sacré des Russes, la Volga-mère.
Pour célébrer la conquête de Kazan et d'Astrakhan, une fête grandiose fut organisée à Moscou. Le tsar prononça des discours enflammés devant le peuple. Trois nouvelles tours furent construites au Kremlin pour consacrer cette victoire et le tsar décida d'élever une cathédrale qui surpasserait toutes celles qui existaient dans l'enceinte.
Les auteurs de ce chef-d'œuvre sont connus sous les noms de Posnik et Barma. Le farouche monarque, si content de la manière dont ses ordres avaient été exécutés et plein d'admiration pour cette œuvre géniale, leur fit crever les yeux, afin qu'ils ne soient pas tentés d'élever ailleurs un aussi bel édifice et qu'ainsi la cathédrale de Basile-le-Bienheureux reste unique au monde. D'après des documents découverts en 1957, Posnik et Barma seraient une seule et même personne : Posnik Yakovlev, surnommé Barma. Cela est fort plausible, car, dans d'autres écrits bien antérieurs, il est dit qu'Ivan le Terrible fit crever les yeux à l'auteur, et non pas < « aux auteurs », de cette merveille.
Parallèlement, Ivan entreprit un remarquable travail d'organisation administrative et de justice, s'entourant d'esprits jeunes et brillants.
Le tsar et ses conseillers avaient pleinement conscience que le succès des ambitions moscovites passait par une meilleure organisation du pays. Le pouvoir de l'État et de ses structures centralisées se trouva renforcé. Cette période de relative prospérité ne dura malheureusement que huit ans. Puis, le caractère autoritaire du tsar se fit à nouveau sentir, son inquiétude maladive reprit le dessus et son comportement changea d'une manière radicale.

Monastère de la Trinité-Saint-Serge.

Le complot est PARTOUT

EN CE 1er DÉCEMBRE 1564, le tsar Ivan IV errait, solitaire, sur le chemin de ronde des hautes murailles du Kremlin. La neige tombait sur Moscou en effroi. Il ramassa une poignée de neige mêlée de boue qu'il écrasa entre ses doigts. Promenant son regard inquiet sur la ville, il aperçut au loin des traces de sang qui maculaient la neige. Sa décision était prise, il quitterait le Kremlin. Fuir, fuir le monde…

D'un mouvement brusque, il tourna les talons ; son caftan émit un claquement sec et il rentra précipitamment à l'intérieur du palais. Courant le long des couloirs aux murs enluminés, il regagna ses appartements et se réfugia dans son petit cabinet de prière, richement décoré, attenant à sa chambre à coucher. Dans le secret de ces quatre murs, entouré d'icônes protectrices dont les ors brillaient à la lueur des chandelles, il s'agenouilla et se mit à prier.

Dès le lendemain, la rumeur du départ d'Ivan se répandit à travers la cité. Devant la Cour et les hauts dignitaires de l'Église, le tsar déclara que les « infâmes », les boyards, avaient jeté un sort sur lui et sa famille, qu'ils ne voulaient plus qu'il règne et complotaient contre lui. Il ajouta, que, se sentant à ce point mal aimé, il préférait partir. Personne, pas même le métropolite, n'osa demander au tsar où il irait se réfugier.

Quatre jours avant son départ, deux cents nobles venus des quatre coins du pays se pressaient dans la salle du trône. Convoqués par le tsar, ils durent longuement attendre son entrée étouffant sous leurs lourds manteaux d'ours. La lueur des candélabres du Kremlin faisait briller leurs yeux inquiets et danser les icônes qui décoraient les murs…

Ivan apparut enfin. Il leur annonça qu'il renonçait à son royaume et leur donnait toute la terre ; puis, il se dépouilla de son sceptre, du collier tsarien et fit glisser son manteau broché d'or rehaussé de perles à leurs pieds. Stupéfaits, les boyards se mirent à gémir et à l'implorer. En vain. Rien ne put faire revenir le tsar sur sa décision. Durant deux nuits, Ivan alla prier d'église en église pour le succès de sa fuite. Le 3 décembre enfin, il quitta le Kremlin suivi de ses favoris, de sa famille et

La bénédiction monastique d'Ivan le Terrible, Peter I. Geller, 1887.

de sa Cour. Contrairement à ses précédents départs il emportait cette fois-ci tous ses objets sacrés, des icônes et des croix richement ornées, mais aussi sa vaisselle d'or et d'argent, sa garde-robe et son trésor. Tous ses coffres en étaient remplis. Il avait également ordonné aux nobles de son entourage et à ses fonctionnaires de partir avec leur famille et tous leurs biens.

Aujourd'hui encore, une polémique oppose les historiens sur les raisons de cette décision apparemment inconsidérée. Fut-elle provoquée par les révélations de Basile le Bienheureux, son prédicateur préféré ? Par les mauvais sorts dont Ivan aurait été victime ? Ou par sa hantise d'un complot ourdi au Kremlin ? Fut-elle plutôt le fruit d'un calcul politique, d'un stratagème destiné à prendre l'avantage sur ses adversaires du clan de boyards en s'appuyant sur sa police secrète ? Vraisemblablement l'un et l'autre.

Le tsar, en effet, pouvait être inquiet car, des frontières du royaume, on lui avait annoncé l'attaque imminente des Lettons à l'ouest et des Tartares au sud. Dans ce contexte, il voulut peut-être, selon sa formule, « prendre les devants », anticiper d'éventuels soulèvements intérieurs qui auraient été suscités par les boyards, simultanément avec des agressions extérieures.

Le tsar alla d'abord se réfugier dans un petit village proche du Kremlin. Il n'y resta que deux semaines puis il alla prier au monastère de La-Trinité-Saint-Serge, situé à 60 km de Moscou. Il partit aux aurores, emportant un déjeuner, quelques œufs cuits, du pain noir et du sel. Il traversa les remparts de l'enceinte par la Porte Sainte. Les coupoles bleues parsemées d'étoiles brillaient sous le soleil, tout comme les dômes dorés des cathédrales. Il choisit d'entrer se recueillir dans la plus ancienne et la plus austère de ces églises. Ivan passa quelques jours au monastère puis finit par s'installer dans une bourgade voisine.

De là, il adressa au métropolite de Moscou son fameux message dans lequel il dressait la liste de tous les griefs qu'il nourrissait contre les boyards : leurs trahisons, les dommages qu'ils causaient au pays, leur violence contre les paysans, leur avidité sans limites. Le tsar rappelait également combien il avait souffert d'eux au cours de son enfance et ajoutait qu'il préférait abandonner son royaume plutôt que de subir davantage leurs traîtrises. En vrai maître des relations publiques, il adressa une autre missive au peuple dans laquelle il l'assurait qu'il n'avait aucun grief contre lui.

Le départ du tsar plongea pourtant les Moscovites dans l'accablement et le désarroi. En réponse, ils lui adressèrent une supplique pour qu'il revienne au Kremlin, affirmant qu'ils avaient besoin de lui pour les protéger. Par deux fois, les messagers du peuple et de l'Église se rendirent auprès d'Ivan pour le supplier de revenir.

Le tsar finit par céder, mais posa des conditions draconiennes pour son retour. Il exigea d'abord de châtier tous ceux qui l'avaient trahi, de confisquer leurs biens. Sans dire s'il revenait sur son abdication ou non, Ivan divisa alors l'État en deux secteurs : la *zemchtchina*, où l'administration traditionnelle restait en place, et l'*opritchnina*, domaine réservé du tsar, placée sous une administration d'exception. Les deux secteurs étaient dotés de Cours séparées, d'armées distinctes et même de capitales distinctes.

Le 2 février 1565, le tsar rentrait au Kremlin. Il réunit, alors l'assemblée de boyards et des ecclésiastiques. Ceux-ci eurent de la peine à le reconnaître. En deux mois, Ivan avait perdu presque tous ses cheveux. Son regard était trouble et fébrile. Ce jour-là, il donna l'ordre de bâtir un nouveau palais au centre même de Moscou d'où il pourrait administrer personnellement son *opritchnina*.

Distincte du reste du territoire russe qui demeurait sous la juridiction des boyards, ce domaine à part fut composé des terres confisquées aux adversaires du tsar et des provinces les plus riches. Dans la capitale même, il s'appropria des quartiers entiers qu'il fit entourer de remparts. Tous ces territoires, qui finirent par représenter un tiers du pays, relevaient exclusivement du tsar.

Ivan le Terrible a beaucoup appris au contact des Mongols qui ont dominé la Russie pendant plus d'un siècle et demi et dont l'autorité a concouru à faire un pays où la conception de l'État était en partie asiatique.

Les Russes, s'inspirant du Yam des

Mongols, furent les premiers Européens à instaurer une police d'État. Forte de plusieurs milliers d'hommes, l'*opritchnina* allait rapidement se révéler pour ce qu'elle était - une parfaite machine de répression ayant droit de vie et de mort sur chacun. Cette véritable juridiction d'exception devint rapidement synonyme de dictature pour les Russes et resta à jamais gravée dans les esprits comme une sorte de « méga-police secrète ». Tels des anges de la mort, les *opritchniks* chevauchaient revêtus de longs caftans noirs brochés d'or, un long poignard suspendu à leur ceinturon. Ils faisaient respecter la loi du tsar ou son bon plaisir, en se livrant aux pires crimes et atrocités.

Trois mois après son retour à Moscou, Ivan le Terrible se retira avec ses favoris dans sa forteresse de bois protégée par des remparts et cernée de douves où la vie allait se transformer en théâtre de l'épouvante pour entrer dans les annales de l'histoire.

Les ambassadeurs étrangers relatèrent à l'époque : « Si Satan avait voulu inventer un fléau contre le genre humain, il n'aurait pas mieux réussi ».

Les scènes de débauche étaient presque quotidiennes au Kremlin. Il n'était pas rare, par exemple, qu'un cerf rôti trône entier au milieu de la table, couronné de ses bois et accompagné de sauces à base de baies sauvages du nord. Chacune reflétait une couleur de l'arc-en-ciel. Bien des cuisiniers ont, au cours des siècles, tenté de restituer les mets luxuriants qui avaient coutume d'orner la table de ce souverain à l'imagination débordante. Rappelant étrangement certaines compositions de peintres contemporains, aux confins de l'abstrait et du figuratif, le jaune des citrons faisait chanter la noirceur du caviar pressé venu d'Astrakhan et se mêlait au rose inégalable du saumon mariné dans le lait que les boyards aimaient comparer à « la couleur de la pointe des seins d'une adolescente ». La vaisselle d'or accompagnait les coupes d'argent ciselées. Ces raffinements esthétiques paraissaient dérisoires au regard des spectacles orgiaques qu'offraient ces agapes durant lesquelles Ivan et ses compagnons s'adonnaient couramment au viol et à la sodomie. On appela ainsi plus tard, « dessert à la Ivan le Terrible », une femme dénudée posée sur la table du festin et dont le corps, enduit de crème et de miel, était offert au tsar et à ses invités. Cette déchéance suscitera bien des émules chez les successeurs d'Ivan. Cinq siècles plus tard, les fils de la Nomenklatura, au crépuscule du communisme, réitéreront ces jeux décadents, sous le règne de Brejnev au Kremlin. Tard dans la nuit, la fête dégénérait en bacchanales, où chacun devait porter un masque. Toujours armé d'une longue canne de bois dont la pointe était en acier, Ivan utilisait souvent ce pic pour tuer sur-le-champ quiconque l'avait offensé, y compris parmi ses proches.

Ces dérèglements ne parvenaient pas pour autant à contenir sa suspicion maladive. Il ne se sentait toujours pas en sécurité au Kremlin et le déserta à nouveau pour s'établir dans son simulacre de monastère, Alexandrov. Superstitieux à l'extrême, il fit graver une croix sur chaque brique de l'église et orner son autel d'or et de pierres précieuses. De même, il voulut que sa résidence - qu'il baptisa « Ma Liberté » - soit protégée par un fossé si énorme que « le démon ne pourrait le franchir ». Nul ne pouvait en sortir sans son autorisation. Chaque jour, en compagnie de ses deux fils, il sonnait les matines. Après l'office, un déjeuner était servi pour tous ses fidèles. Ivan ne participait pas lui-même à ces repas. Il demeurait debout en présence de quelques proches et lisait à haute voix des litanies. On donnait aux mendiants les restes du déjeuner. Le tsar prenait alors son repas.

La terreur possédait l'âme d'Ivan et chacun comprenait que le tsar n'était plus sain d'esprit. Il voyait partout des présages funestes et parfois même croyait entendre sonner le glas à l'horloge du Kremlin.

Mais Ivan ne se contenta pas de terroriser physiquement son pays. Il entreprit de le harasser moralement en supprimant les points de repère, en alternant de façon arbitraire les faveurs et les sanctions, les retours à la sagesse et les nouvelles atrocités. Officiellement, l'*opritchnina* cessa d'exister sept ans à peine après sa naissance mais son nom continuera pendant des siècles à être associé aux pires excès et à qualifier, dans le privé, les différents avatars de la police secrète qui vont se succéder.

Église de la Mère de Dieu de Smolensk.

Les souterrains DU KREMLIN

IVAN LE TERRIBLE FUT AUSSI LE GRAND CONSTRUCTEUR DES SOUTERRAINS DU KREMLIN. Au début du XXe siècle l'archéologue Ignatius Steletski entama des recherches pour retrouver ces galeries dont on connaissait l'existence mais non le tracé, resté secret. Au XVIIe siècle, l'un de ces tunnels fut construit pour faciliter les rendez-vous amoureux de Sofia, fille du tsar, avec le prince Galitzine, descendant de l'une des plus anciennes et plus prestigieuses familles de Russie. Ce conduit reliait le palais du Kremlin à celui des Galitzine, dans le centre de la capitale.

Certains de ces souterrains et d'autres lieux cachés de Moscou ont été construits par les tsars, l'Église ou de grandes familles. Il n'existe donc aucun document officiel les concernant.

Les plus anciens de ces tunnels furent percés par les Italiens lorsqu'ils conçurent le Kremlin à la demande d'Ivan III. Il existe par exemple un passage sous des tours du Kremlin, d'autres se glissent sous le musée de l'Histoire et la Ville Chinoise et un troisième rejoint la Moskova. Toutes ces issues dérobées furent prévues pour faciliter la fuite lors de crises et de guerres.

Le grand utilisateur de ce réseau caché fut bien entendu Ivan le Terrible qui cultivait un goût prononcé pour ce type d'œuvres et devait trouver là un exutoire à son romantisme noir. Il se fit d'ailleurs édifier un palais secret, en dehors de Moscou, le

Fiodor Chaliapine dans le rôle de Boris Godounov.

palais Ioussoupov, relié au Kremlin par un long tunnel, connu seulement de quelques initiés. Le clergé fit aussi appel aux Italiens pour concevoir des systèmes de portes dérobées et de corridors secrets, ainsi les cathédrales du Kremlin abritent-elles certains de ces « doubles fonds » architecturaux. La coupole recèle des pièces secrètes destinées à résister au feu et aux pillards, et c'est là qu'étaient entreposés certains des trésors du tsar.
En 1584, sentant sa fin proche, Ivan convoqua ses fidèles au Kremlin et exigea d'être porté jusqu'à Saint-Basile. Il voulait une fois encore contempler cette église insolite, surmontée de bulbes aux couleurs éclatantes, dont l'architecture intérieure laissait voir des cabines, des petites loges, des escaliers dérobés, des fenêtres de toutes formes percées ici et là. Mais sa vue se troubla et il demanda qu'on le ramène au Kremlin.
Il se détendit peu à peu dans l'ambiance familière des pièces voûtées, recouvertes de dessins religieux sur fond d'or. Son regard se posa sur l'énorme dais de bois sculpté garni d'émaux aux armes des provinces. « Tant de provinces réunies … » dit-il. Faisant encore quelques pas, il porta son regard sur la porte recouverte de plaques d'or ciselé dont le fronton représentait des animaux fantastiques, et qui menait à ses souterrains. À qui iraient ces richesses ? À son fils Fédor ? Il était si faible. Mais son vigoureux opritchnik, Boris Godounov, était là pour veiller sur le Kremlin …
Lorsque vint le jour fatidique, Ivan, dès son réveil, fit rouler dans ses mains les pierres auxquelles il attribuait une force magnétique. L'après-midi, malgré sa lassitude, il se sentit mieux et joua aux échecs. Étrangement, sur l'échiquier, le roi tomba à trois reprises sans aucune cause apparente. Quelques instants plus tard, il demanda à boire puis s'effondra.
Ivan le Terrible s'éteignit à l'heure précise où la verdure exubérante des jardins du Kremlin revêt une noirceur contrastant si fort avec le ciel, comme les traits du caractère de ce tsar déchiré qui ne connut ni limite ni tempérance.
Une des plus grandes ruptures de l'histoire du Kremlin survint de cette époque. L'opritchnina fut la première tentative de la haute police d'instaurer un pouvoir absolu, cent cinquante ans avant Pierre le Grand. Ceci aboutit à la réunion des terres russes à la couronne, au détriment des boyards, afin de constituer un État fort.
Ainsi l'intérêt d'État symbolisé par le souverain primait sur tous les autres. La quête individuelle devait s'effacer devant l'esprit communautaire. Ivan le Terrible demeure le prototype même des autocrates russes dont les grimaces se refléteront dans le miroir de l'histoire du Kremlin sous les traits de Pierre le Grand - certes plus occidentaliste - ou encore Joseph Staline, qui interprétera, à sa façon, les traditions d'Ivan, en utilisant la terreur comme instrument de la lutte des classes. D'ailleurs le dictateur rouge du Kremlin n'hésitera pas à présenter ce tsar comme un politicien d'envergure exceptionnelle qui sut réaliser les objectifs historiques de son pays et réussit son coup d'État contre les boyards en s'appuyant sur sa police secrète et grâce « à la coalition des citadins et des vassaux, créant ainsi l'unité du pays contre l'ingérence étrangère». Son seul regret, confiera Staline au comédien qui incarnait Ivan dans le célèbre film d'Eisenstein, fut que ce tsar ne soit pas allé jusqu'au bout de son entreprise, « empêché par son Dieu ».
La légende noire et dorée d'Ivan le Terrible a percé l'histoire du Kremlin à travers les siècles. Le successeur d'Ivan le Terrible, Fédor Ivanovitch (1557-1598), était considéré comme un simple d'esprit. C'était un homme doux et humble, qui avait vécu loin des crimes de son père, s'isolant sur les clochers, bavardant avec les pigeons et les cigognes. Comme il n'était guère enclin à prendre part au gouvernement de son pays, un grand Conseil de Régence fut nommé pour diriger le Kremlin. Boris Godounov, « Premier boyard », devint alors le véritable souverain de la Russie. On construisit au Kremlin, pour lui et sa famille, une demeure spéciale où il recevait les ambassadeurs étrangers et signait tous les actes concernant la politique intérieure et extérieure.
Boris Godounov était un étrange personnage. Doué d'une grande intelligence, il n'avait pas cru nécessaire d'apprendre à lire et à écrire ! Il signait en griffonnant quelque chose de bizarre qui ressemblait à un minuscule oiseau des champs

Palais Ioussoupov, Saint-Pétersbourg.

(*godoune* signifie en tartare « alouette »). D'origine tartare, il épousa la fille de Maliouta Skouratov, le chef de la terrible police secrète d'Ivan IV, et fit une carrière politique d'envergure. C'est ainsi qu'il réussit à se faufiler, durant toute l'époque de la terreur. Pour consolider sa situation au Kremlin, Boris Godounov décida de marier Fédor à sa sœur ; il organisa donc la fameuse cérémonie de présentation des fiancées, mais le pauvre Fédor qui était timide et craignait les femmes, refusa de s'y rendre.

Godounov, en accord avec le métropolite son ami, déclara tranquillement que le tsar avait choisi sa sœur pour femme et le mariage fut bientôt célébré dans la cathédrale du Kremlin.

Fédor ne vint jamais voir son épouse. Le tsar continuait à cavaler dans les cours, s'amusant avec des jeunes gens à sonner les cloches… Il réussit néanmoins, avec l'aide de Godounov, à reprendre aux Suédois les villes russes, perdues par son père. Ce tsar parvint encore, certes grâce à Godounov, à faire « monter en grade » le métropolite de Moscou ; il invita, au Kremlin, officiellement, le patriarche de Constantinople et obtint de lui qu'il consacre solennellement le métropolite comme patriarche.

Comme Ivan le Terrible, Boris Godounov s'appuya sur la haute police pour affaiblir les boyards et s'efforça de fixer les paysans sur leurs terres. Par son habile diplomatie, il obtint que soient réunis au Kremlin les deux pôles de l'esprit byzantin : le tsar et le patriarche. Mais un drame survint, jetant une ombre sur la régence : le prince Dimitri, fils cadet d'Ivan le Terrible, seul survivant mâle de la famille régnante, mourait égorgé.

Boris Godounov fut-il le commanditaire de cet assassinat qui, objectivement, le servait ? Quoi qu'il en soit, Dimitri mort et Fédor n'ayant pas d'enfants, la dynastie était condamnée à disparaître et à laisser le trône vacant : Boris Godounov se trouvait le mieux placé pour prétendre à la succession.

Fédor Ier mourut en 1598. Boris Godounov, en sa qualité de « Premier boyard », convoqua l'Assemblée afin de procéder à l'élection d'un nouveau tsar et le patriarche proposa immédiatement la candidature de Godounov.

Après avoir assisté à une messe grandiose dans la cathédrale du Kremlin, la foule partit en direction du couvent de Novodievitchi où la veuve de Fédor, la sœur de Godounov, s'était retirée.

La « haute police » était toujours présente au Kremlin au cours des guerres de succession. « Des policiers, écrit l'historien Klioutchevski, armés de bâtons, marchaient derrière la foule. Les pèlerins avaient reçu l'ordre de tomber à genoux dès leur arrivée devant le couvent et de se mettre à pleurer et à hurler, pour prouver à la tsarine la profondeur de leur affection. Ceux qui ne criaient pas et ne se lamentaient pas recevaient des coups de bâton jusqu'à ce qu'ils se décident à pleurer.

Palais du Patriarche et église des douze apôtres.

Palais à facette.

Le patriarche fit son entrée solennelle dans le couvent et, désignant la foule, dit à la tsarine : « Regarde ton peuple ! Il te supplie de demander aux boyards d'élire comme tsar ton frère, Boris ... »
Après cette scène, la tsarine s'adressa à l'Assemblée qui élut Boris Godounov, tsar de toutes les Russies ... Mais la fête à peine terminée, les boyards et la grande noblesse intriguaient déjà et fomentaient toute une série de complots. Reprochant à Godounov ses origines tartares, les conjurés faisaient courir les bruits selon lesquels cet « esclave d'hier », ce « beau-fils d'un bourreau », avait réussi à s'emparer du trône à la suite d'un meurtre ; ils rappelèrent que Dimitri, le jeune fils assassiné d'Ivan, était le seul prétendant légal du trône de Russie.
L'air du Kremlin devint irrespirable. Boris Godounov, ancien *opritchnik*, renforça sa police secrète. Moins féroce que celle d'Ivan IV, mais plus efficace, elle étala un réseau de délation qui traversa tout le pays. Les serfs eurent le droit de dénoncer leurs maîtres et en furent récompensés par de fortes sommes d'argent. De cette époque, datent la confiscation des biens des boyards, l'exil des coupables, la déportation en Sibérie, qui était devenue province russe sous le règne de son redoutable prédécesseur.
La police de Boris Godounov lui rapportait fidèlement les rumeurs l'accusant de la mort du tsarévitch, ainsi que les mécontentements des boyards et de la noblesse.
Le tsar décida alors d'agir. En 1602, il convoqua au Kremlin le patriarche, quelques représentants de la noblesse - triés par ses soins -, et des marchands ; puis prit la décision importante d'exiler les chefs de l'opposition.
La ténacité du tsar étant aussi connue que sa malchance, il est probable qu'il aurait surmonté les coups du destin si une nouvelle terrible n'était arrivée au Kremlin en 1604 : des détachements polonais, ukrainiens et cosaques venaient de franchir le Dniepr, conduits par un homme prétendant être le tsarévitch Dimitri. Celui-ci déclarait avoir échappé aux soldats envoyés pour l'assassiner ! Ce « Dimitri » était décidé à détrôner Boris Godounov et à prendre sa place comme « tsar légitime de toutes les Russies ».
Une nouvelle grande aventure du Kremlin commençait.

L'attelage de l'empereur Nicolas Ier devant le monastère Tchoudov,
Piotr A. Guerassimov, milieu XIXe siècle.

Le Temps des TROUBLES

CETTE PÉRIODE DE GUERRES, D'INCERTITUDES POLITIQUES et d'affaiblissement du pouvoir que les Russes appellent le Temps des Troubles continua à nourrir des peurs et des fantasmes. Elle fut d'ailleurs immortalisée par une tragédie de Pouchkine et un opéra de Moussorgski. À cette époque apparut au Kremlin une pléiade d'imposteurs ou de « faux tsars ». Dimitri est le plus célèbre d'entre eux.

Au tout début du XVIIe siècle, les chroniques de Kiev relatèrent l'apparition d'un moine de taille moyenne, au visage lunaire et aux pommettes saillantes, précédé d'une réputation flatteuse. Il venait du prestigieux monastère de Tchoudov où il avait été remarqué pour son intelligence brillante, son éloquence et son sens de la diplomatie. Dimitri descendait d'une famille de la petite noblesse et s'était fait moine, sous le nom de Grigori, après la mort prématurée de son père. Ce jeune homme aurait sans doute pu prétendre à une grande carrière ecclésiastique, mais le spectacle qu'offrait le Kremlin plongé dans l'instabilité en ce temps des troubles lui donna à penser à un autre destin.

Parcourant le pays de monastère en monastère, il parvint jusqu'en Pologne où il décida de s'établir. Remarquablement doué pour les langues, il apprit rapidement le polonais et le lituanien et entra au service d'un prince polonais Wichnevetski. La vie de Grigori se transforma alors en une sorte de roman d'espionnage international mis en scène dans le décor sublime du Kremlin.

L'audace insensée qui anime souvent les grands destins poussa-t-elle Grigori à basculer dans l'imposture ? En tout état de cause, tombé malade, il confia à son confesseur qu'il était véritablement le fils d'Ivan IV. Immédiatement informé, le prince polonais adopta une attitude beaucoup moins méprisante à l'égard du jeune homme et le présenta à des membres de l'aristocratie polonaise, notamment au comte Mniszek, son beau-frère. Lors d'un séjour chez celui-ci, Grigori tomba amoureux de Marina, la fille du comte.

Criblé de dettes et sans scrupules, le comte vit aussitôt quel parti tirer de l'étrange personnage. Et, bien que Marina ne fût pas

Portrait de Sigismund III, Martin Kober, fin du XVIe siècle.

amoureuse de ce tsarévitch providentiel, son père entreprit de la convaincre. Aussi accepta-t-elle de devenir ce qu'on pourrait appeler une maître-espionne au service de son pays.

L'occasion d'établir une relation privilégiée avec le roi de Pologne, Sigismond III, était inespérée. Les avantages qu'ils pourraient retirer de cette situation seraient plus qu'appréciables. Ils deviendraient même incalculables si Grigori réussissait, avec l'aide des Polonais, à s'installer au Kremlin…

Le comte présenta Dimitri au souverain polonais qui l'encouragea à se lancer dans la reconquête de son trône. Il chercha ensuite à obtenir le soutien des jésuites toujours prompts à s'imposer dans de nouvelles contrées.

Derrière cette aventure se profilaient des intérêts géopolitiques concordants. Les Polonais y voyaient un moyen de prendre l'avantage sur les Russes momentanément affaiblis, et les boyards y trouvaient une occasion de se débarrasser du tsar centralisateur Boris Godounov. Ceci explique que si le faux Dimitri fut « mijoté dans un four polonais, il fut pétri à Moscou ».

Une étrange transformation psychologique s'opéra alors. Tout laisse à penser que l'ancien moine crut tant à son rôle qu'il fut sincèrement convaincu d'être le vrai Dimitri.

Il entra en Russie en octobre 1604, conduisant une troupe de mille cinq cents hommes environ, composée de Cosaques aguerris, mais aussi de soldats de fortune et d'aventuriers divers. Ces forces hétéroclites réussirent cependant à progresser vers la capitale car Boris Godounov, déjà malade, était politiquement et militairement affaibli.

Le printemps pourtant lui donna un regain de force et de réconfort. Fidèle à ses habitudes, le tsar Boris sortit pour contempler Moscou du haut des tours du Kremlin. Il jeta un regard pensif sur les clochers étincelant en forme de bulbe des églises, puis fut pris d'un malaise. Le patriarche de Moscou et des prêtres de la cathédrale voisine accoururent à son chevet et l'assistèrent dans ses derniers instants.

Boris Godounov enterré, sa mort ouvrit la route de Moscou au faux Dimitri, qui, quelques jours plus tard, entrait au Kremlin par la Porte du Sauveur. Il se dirigea immédiatement vers la cathédrale Saint-Michel-Archange. Avec une grande solennité, le faux tsar alla se recueillir devant le tombeau d'Ivan le Terrible. Dehors, ses Cosaques venus du Don, de l'Oural et de la Volga s'agenouillèrent à leur tour. Les bannières portées par le clergé flottaient au vent pendant que le son des trompettes se mêlait aux actions de grâce chantées par les chœurs de la cathédrale. Peu après, il fit déterrer la dépouille de Boris Godounov et l'envoya rejoindre les cadavres de sa femme et de son fils, étranglés quelques jours auparavant dans la « Maison des Pauvres », un couvent où ils avaient trouvé refuge.

Le talent pour la mise en scène du faux Dimitri fut porté à l'apogée lorsqu'il traversa Moscou sur un cheval blanc en costume tissé de fils d'or rehaussé de pierres précieuses. Il avait préalablement pris soin de faire venir sa « mère » près de lui afin de pénétrer dans la capitale en sa compagnie. La veuve d'Ivan le Terrible, Maria Nagoï, devenue religieuse sous le nom de Marfa, joua son rôle à la perfection. Et, devant des milliers de personnes, entourée de dignitaires de l'Église, elle « reconnut » son fils et le serra longuement dans ses bras. Savait- elle pertinemment que ce Dimitri-là n'était pas le sien ? Se prêta-t-elle au jeu pour se venger des humiliations qu'elle avait subies après la mort d'Ivan ? Quelle que soit la réponse, elle tenait sa revanche. Dimitri accompagna à pied le carrosse de sa mère jusqu'à Moscou où ils firent une entrée triomphale, acclamés par une foule en liesse.

La population voyait dans le retour du tsar légitime un véritable miracle. Un énorme chapiteau avait été dressé sur les bords de la Moskova tout près du Kremlin. Selon la coutume, le faux Dimitri y reçut les gens du peuple et les représentants des corporations.

Dimitri épousa donc sa fiancée polonaise. La légende raconte que, peu de temps avant leur mariage, la tsarine reçut en son pavillon de bains la visite de son époux. Ils parlèrent longuement, enivrés par les effluves d'eucalyptus. Au fil des mots, Marina se surprit à apprécier cet homme auquel

Cathédrale de l'Archange-Saint-Michel.

elle avait associé son destin. Peut-être recueillit-elle, ce jour-là, les confidences ou les confessions du faux Dimitri ? Mais lorsqu'il l'approcha, cette fois, elle ne s'éloigna point et devint sa femme.

Il se mit à gouverner d'une manière peu habituelle pour le Kremlin. Contrairement à la coutume, il refusait de se reposer après le déjeuner, ne visitait pas les salles de torture et préférait se rendre chez les artisans pour parler avec eux de commerce et des moyens d'encourager les arts et métiers. Dans une lettre qu'il adressa au peuple moscovite, il déclara d'ailleurs qu'il « ne voulait gêner personne et qu'il voulait que son royaume soit libre en tout », ajoutant : « je veux enrichir mon État grâce au commerce. »

L'illusion ne dura que quelques semaines. Les Polonais qui s'étaient installés au Kremlin avec Dimitri avaient été rejoints par un nouveau contingent assez nombreux et les querelles qui les opposaient aux Russes devenaient de plus en plus fréquentes et violentes. Les Moscovites se mirent à les haïr et à s'en plaindre ouvertement au tsar. Pis encore, les boyards envisagèrent un coup d'État : le faux Dimitri qui leur avait permis de se débarrasser de Boris Godounov et de sa famille, ne servait plus à rien…

Le 26 mai 1605, au petit matin, Dimitri et Marina furent réveillés par le vacarme des cloches. Une troupe commandée par des boyards venait d'entrer dans Moscou et se dirigeait vers le Kremlin. Le faux Dimitri fut vite attrapé et aussitôt mis à mort. Son corps fut déchiqueté, promené dans tout Moscou puis enfin, brûlé. Ses cendres furent mises dans un canon avec lequel on tira symboliquement vers l'Occident… Quant à Marina, elle parvint à s'enfuir et vécut encore de nombreux avatars.

Étrange réminiscence ou clin d'œil de l'histoire ? Quatre siècles ont passé et pourtant, il n'y a pas longtemps, une Moscovite emmitouflée dans un manteau rapiécé rappelait cet épisode lointain :

« Nos chefs, quels qu'ils soient, de Gorbatchev à Eltsine, termineront comme le faux Dimitri. On les mettra dans des canons et on tirera vers cet Occident qui se moque bien de nous ! »

Le fantôme de Dimitri hante-il encore les souterrains du Kremlin ? En tout état de cause, les historiens actuels rechignent à le considérer comme un simple imposteur ou espion polonais. Son cas est plus complexe. D'abord parce qu'il crut fermement qu'il était le fils d'Ivan le Terrible ; ensuite parce qu'il se révéla, comme plus tard Gorbatchev, un roi de l'ambiguïté, un équilibriste habile dont les paroles pouvaient s'interpréter différemment selon ses interlocuteurs. Enfin parce qu'il s'efforça de régner dans l'esprit de justice.

Il existe deux façons de régner au Kremlin écrivait-il : « Avec miséricorde et grandeur d'âme ou comme d'habitude, avec sévérité, en versant le sang. J'ai promis à Dieu d'employer la première. »

Toutefois, le faux Dimitri apparut aussi

Michel III élu tsar par l'assemblée représentative,
Alexeï D. Kivchenko, 1880.

comme un partisan de l'ouverture du pays sinon de « la vente du Kremlin » à l'étranger, ce que les Russes ne lui pardonnèrent pas, y voyant des instruments ou des agents de l'étranger.

Le faux Dimitri assassiné, un boyard, Basile Chouïski, lui succéda au Kremlin. L'État commença à se décomposer ; les prétendants au trône devinrent de plus en plus nombreux : le fils du roi de Pologne, Ladislas - un catholique - monta sur le trône à son tour…
Dans cette situation de désordre et de menaces pour l'identité nationale, l'institution ecclésiale restait la seule force organisée toujours fidèle aux grands desseins du Kremlin. Avec le patriarche Hermogène à sa tête, elle prit la direction du mouvement national qui aboutit, en 1613, à l'élection de Michel Romanov, issu d'une lignée assez effacée promue par le mariage d'Ivan le Terrible avec Anastasie Romanov, célébré en 1547.
De cette crise de décomposition, le sentiment national, centré sur le Kremlin, sortait renforcé, avec la pleine conscience de la nécessité d'un tsar autocrate, d'un État centralisé et d'une Église puissante.
Les premiers Romanov durent affirmer leur légitimité en même temps que leur fidélité au passé et leur droit à la succession héréditaire. D'où la constitution d'un style national qui utilise l'héritage populaire du Kremlin. Car déjà, la classe des marchands, solidement établie à Moscou comme en province, cherchait, comme les boyards du Kremlin, un nouveau mode de vie et manifestait un goût certain pour l'art. Les Stroganov, marchands enrichis par l'exploitation des salines puis des fourrures, devinrent les mécènes de Moscou. Ils se construisirent des palais de pierre ; leurs ateliers mirent au point la technique de l'émail translucide. Ils encouragèrent également la peinture d'icône.
Marquée par son héritage historique, la Russie était une des puissances montantes de l'Europe des XVIIe et XVIIIe siècles.
Si elle restait un pays arriéré et gouverné d'une main de fer, la Cour impériale du Kremlin, elle, devint progressivement brillante et raffinée tandis que la bureaucratie d'État très développée s'imprégna de la tradition des chancelleries secrètes.
Pour se rendre dans le centre de la vieille capitale, on prenait un traîneau. Les patins grinçaient dans la neige tassée. Le froid sec moscovite saisissait le visage, faisant cligner des yeux dans l'atmosphère glacée.
Les rues s'étaient très animées. Sur les trottoirs, dégagés à la pelle et flanqués d'un épais bourrelet blanc, des messieurs vêtus à l'européenne, des militaires prestigieux, des femmes élégantes, les mains enfouies dans un manchon, côtoyaient des matrones coiffées d'un fichu, des paysans à la barbe inculte, à la touloupe rapiécée, qui vivent encore au siècle de Pierre le Grand.
Les maisons étaient peintes de couleurs tendres. Au-dessus des toits, s'élevaient, çà et là, des coupoles d'azur étoilées d'or. Au fronton des boutiques, chaque magasin portait une enseigne représentant, sans

Théâtre Bolchoï.

équivoque, les articles que l'on trouve à l'intérieur. Chapelets de saucisses, boeuf placides dans un pâturage, craquelins jaunes, chapeau écarlate, fusil, botte de géant.
De nombreux traîneaux glissaient rapidement sur la chaussée entre ces deux haies d'images attrayantes. Fastueux ou modestes, les attelages se frôlaient, se dépassaient, dans le grincement des bois et le tintement des harnais. Les chevaux soufflaient des jets de vapeur par les naseaux. Des parcelles de glace, arrachées au sol par les sabots, bombardaient le pare-neige de la voiture, comme une poussière de diamants.

Mais la préférence, des Moscovites pour le pittoresque, allait toujours aux bazars de la place Rouge. Ces vastes bâtiments à trois étages étaient creusés de passages vitrés, de galeries, d'escaliers, et entièrement éclairés à la lumière électrique. Le labyrinthe recelait plus de mille boutiques aux étalages barbares : broderies, laques, peaux brutes, couteaux, émaux, surtouts de table, horloges anciennes…
Des marchands barbus et bottés, debout sur le pas de leur porte, conviaient les passants à entrer dans leur échoppe. La foule était paresseuse et pauvrement vêtue. Il n'y avait pas de prix fixé pour les articles en vitrine. Le moindre bout de tissu, la plus grossière écuelle de bois étaient prétextes à des discussions interminables. À côté d'un paysan haillonneux, fouillant parmi des coupons d'étoffe, une jeune femme, enveloppée dans un somptueux manteau de zibeline, examinait à travers son face-à-main de délicates dentelles de Bruges. Un bijoutier leur proposait ses articles d'argent et d'or en insistant sur le fait que le titre de l'argent russe employé en orfèvrerie était plus élevé que celui de l'argent français, mais en se gardant bien de dire que, pour les objets d'or, c'était exactement le contraire.
Non loin de là, en bordure de la place des Théâtres, se tenait un marché plus étrange encore, Okhotny Ryad. Le long des éventaires en plein vent, croulant de victuailles, se dandinait la cohue bariolée des ménagères. Fichu sur la tête, bottes de feutre aux pieds et paniers sous le bras, elles palpaient des doigts la volaille, les poissons et les viandes exposés. Des poules caquetaient, des porcelets criaient dans leurs cages. De robustes chasseurs, harnachés de lièvres, de canards et de faisans à l'œil mort, déambulaient entre les groupes en proposant leur gibier.

Porte de la résurrection.

La "parenthèse" de SAINT-PÉTERSBOURG

LORSQUE PIERRE Ier PRIT EFFECTIVEMENT LE POUVOIR AU KREMLIN à la mort de sa mère en 1694, il était en fait co-tsar avec son demi-frère Ivan. Le tsar Alexis, leur père, avait eu deux fils – Fédor et Ivan - de son premier mariage et un fils - Pierre - de son second mariage avec Nathalie Narychkine. Fédor succéda à son père en 1676, mais mourut six ans plus tard. Après une lutte entre clans, la régence fut confiée à leur sœur aînée, Sophie, qui prit goût au pouvoir. Sa première tentative de coup d'État, appuyée sur les régiments d'élite que constituaient les streltsy, échoua en 1689. Mais Pierre, de son côté, rallia autour de lui plus d'amis et d'unités militaires que Sophie et son entourage. Il confia alors le gouvernement à sa mère entourée de conseillers. Ainsi la domination du Kremlin vécut-elle ses dernières années. Ce furent aussi les dernières années de formation d'un tsar autodidacte, jusqu'alors relégué hors de Moscou, dans un village, livré à lui-même, à ses propres curiosités, à une éducation empirique puisée dans le faubourg étranger de la capitale.
À cette époque le jeune tsar commença à mépriser « l'esprit du Kremlin » avec ses pesanteurs et ses traditions ancestrales.
Ce sentiment déjà ténu fut renforcé par un long voyage à l'étranger. Pierre participa, en principe incognito, à ce périple qui dura dix-huit mois et le conduisit en Prusse, en Hollande, en Angleterre, en Autriche.
Il revint précipitamment de Vienne

Portrait du tsar Pierre le Grand, Jean-Marc Nattier, 1717.

en 1698 pour écraser un nouveau soulèvement de la garde des streltsy en faveur de Sophie. En effet de mauvaises nouvelles étaient arrivées de Moscou où une révolte venait d'éclater. Les insurgés avaient tout simplement annoncé la mort du tsar et demandé le couronnement de Sophie, alors recluse dans un couvent. Quatre régiments marchaient sur le Kremlin.

Mais cette nouvelle tentative de coup d'État échoua car les sept régiments fidèles à Pierre les arrêtèrent et les massacrèrent. À Vienne, le tsar reçut le rapport des grands juges annonçant la fin de la révolte. Loin d'être calmée par cette nouvelle, sa hargne augmenta. Le souvenir des terribles journées du 15 au 19 mai 1689, quand fut massacrée sa famille, ne l'avait pas quitté. Il annonça alors son désir d'enquêter personnellement. Tout au long du retour, il songea aux mesures qu'il allait prendre contre les révoltés …

À peine arrivé, il se rendit dans les bureaux de la police secrète, *Preobrajenski Prikaze* où les bourreaux torturant sans relâche les accusés, leur roulaient les bras et les jambes. Dans ses accès de rage, il fit trancher un nombre de têtes en sa présence. Les grands juges se tenaient à ses côtés, terrorisés, car le tsar les menaçait en leur reprochant leur « magnanimité ».

Cette exécution qui sonna le glas de l'influence du Kremlin, commença le 10 octobre 1698.

Voici la description détaillée de ce massacre que nous a laissé le secrétaire de la légation autrichienne Johânn Georg Korb : « Le Tsar invita tous les envoyés des princes et des potentats étrangers à assister à cette manifestation de sa justice impitoyable. Devant la caserne du régiment Preobrajenski s'étend un terrain vague, surmonté d'une petite butte. C'est là qu'ont lieu les exécutions. Chacun des condamnés portait deux cierges allumés.

La procession et le supplice commencèrent. Les boyards et les courtisans durent imiter le Tsar qui avait saisi la hache, et tranchait les têtes. Non loin de là, hurlait la foule des femmes et des parents des condamnés, derrière un triple rang de gardes. Les cris de douleur des suppliciés se mêlaient à ceux de la foule … Cent trente streltsy furent extraits de la maison du général Cheïne : une mort plus atroce encore que la décapitation les attendait, le pal et la roue.

À l'entrée de toutes les portes de Moscou, on avait dressé, sur l'ordre du tsar, des potences doubles, destinées, ce jour-là chacune à six rebelles. Le tsar inspecta les gibets, vêtu d'une pelisse verte. En rangs serrés, tel du bétail, les condamnés s'avancèrent, leur marche entravée par des tablettes de bois, et montèrent sur l'échelle de la potence ; ils firent trois lois le signe de la croix - avec deux doigts - et se couvrirent le visage de leur tunique, suivant la coutume du pays. Le tsar escalada rapidement une potence et parla à un condamné ; le strelets l'écouta et hurla :

« Arrière, Antéchrist ! »

Sophie au couvent des Novices lors de l'exécution des Streltzy et la torture de ses domestiques, en l'an 1698, Ilia Répine, 1879.

Pierre épargna Sophie, mais ordonna qu'on pende les chefs de la révolte sous les fenêtres de sa chambre. On épingla sur la poitrine des cadavres des tracts et des pétitions qui devaient être adressés à Sophie « après son couronnement ».
L'exécution de ces insurgés était le premier acte de la lutte acharnée menée par le tsar contre les traditions russes et pour le renouveau de l'Empire. Bon nombre des réformes de Pierre étaient nécessaires comme l'émancipation de la femme, l'instruction obligatoire des fils des boyards et des nobles. En revanche, certains oukases étaient singuliers, ainsi celui ordonnant à ses sujets de se faire couper la barbe et de porter des habits polonais. Les réfractaires furent décrétés ennemis du tsar et du régime. Celui qui refusait de se séparer de sa barbe devenait automatiquement « un traître ». La police ramassait les barbus, leur « assouplissait » le caractère au commissariat ; après quoi, on leur coupait la barbe, on leur coupait les cheveux, parfois la tête aux récalcitrants. On coupait aussi la longueur excessive des habits masculins et féminins. Le tsar, d'après les observations de son voyage en Hollande et en Angleterre, avait, en effet, fixé la longueur des habits et des robes ; il s'occupa lui-même de cette « réforme vestimentaire », allant jusqu'à fixer le nombre de boutons que devait porter une veste. La police arracha donc les boutons superflus… Un oukase interdit également, sous peine de mort, aux tailleurs russes de « bâtir à la russe ».
Cette politique porta un tort énorme aux réformes de Pierre le Grand. Les Russes s'entêtèrent et furent bientôt prêts « à perdre leur tête plutôt que leur barbe ».
Ces évènements dramatiques firent prendre désespérément conscience à Pierre que la Russie devait être occidentale. D'où cette énergie de réformateur qui jeta une partie du pays du côté des Lumières de manière irréversible, même si l'autre partie se figeait dans un traditionalisme symbolisé par le Kremlin.
La Russie pouvait rattraper l'Occident, son potentiel humain et ses richesses naturelles le lui permettaient ; elle devait non seulement entrer dans le concert des grandes puissances européennes, mais en devenir la plus grande. Les premières victoires sur les Polonais et les Suédois se conclurent par la fondation de Saint-Pétersbourg en 1703 ; l'écrasement de Charles XII en 1709 à Poltava confirma la puissance des armées russes que découvrait l'Europe. Elle entraîna la prise en main par le tsar de la construction de la nouvelle ville qui devint de fait capitale en 1712, officiellement en 1715.
Le cœur du pays battait désormais hors du Kremlin. La Moscovie avait disparu.

Pierre le Grand s'empare à Narva, Alexandre I. Saverweich, 1840.

Napoléon AU KREMLIN

Léon Tolstoï, dans *Guerre et Paix*, décrivit cette entrée dans Moscou.
« Napoléon, assis sur une chaise, aux monts des Moineaux, attendait que les boyards lui apportassent, comme cela se passait dans les autres villes qu'il prenait, les clefs de la capitale… Cette sacrée ville de Moscou avec son Kremlin ; mais les boyards ne vinrent pas… Moscou était déserte… on y cherche des boyards et on n'y trouve que des ivrognes. Les dix mille habitants qui restaient pillaient les dépôts d'eau-de-vie. »
Napoléon passa la première nuit de son arrivée dans Moscou près d'une porte de la ville ; le lendemain, il installa son campement dans l'ancien palais des tsars au Kremlin.
L'automne avait déjà effeuillé les arbres, exhalant une odeur âcre d'écorce humide. Derrière les épais murs de briques, l'enfant de la Corse pensait avoir réalisé le plus fou de ses rêves : régner sur cette ville « fabuleuse, splendide et chimériquement lointaine ».
Le 15 septembre 1812, l'empereur se coucha tôt. Certes, les informations étaient contradictoires mais il avait quelques raisons d'être satisfait. Les rapports de ses espions confirmaient que la noblesse russe voulait désormais la paix. Soudain, une lumière éclatante envahit la chambre de Napoléon le réveillant en sursaut. L'empereur sortit de son lit, s'approcha d'une fenêtre, puis d'une autre. Partout, le même spectacle : une lueur aveuglante, d'immenses tourbillons de flammes, des rues transformées en fleuves de feu, des bâtiments brûlant comme d'énormes bûchers.
Un vent de tempête soufflait sur l'incendie, le poussant droit sur le Kremlin. Les hurlements du vent étaient si forts qu'ils couvraient par moments le fracas des maisons qui s'écroulaient. L'empereur était atterré. Si les flammes s'approchaient du Kremlin, c'était la mort assurée pour lui, sa suite et son état-major car le dépôt de poudre abandonné par les Russes risquait d'exploser.
Mais qui donc avait osé déclencher un tel désastre ? Le tsar, prostré dans les glaces et les dorures de son palais de Saint-Pétersbourg ? Koutouzov, vieux général borgne, commandant en chef des armées ? Depuis cette catastrophe, les services secrets russes et français sont placés au centre d'un débat historique. En effet, l'état-major russe accusa les espions français agissant sous la houlette du marquis de Chambray. Plus prudent, Tolstoï prétendit que l'incendie avait été le fait de milliers de soldats maraudeurs, qui, pour s'éclairer dans les maisons qu'ils pillaient, y pénétraient avec des torches de fortune. Les historiens français accusèrent Rostopchine, le gouverneur général de Moscou ; ancien favori et Premier ministre de Paul Ier. Cet homme était une force de la nature. Il y avait en lui un mélange détonant d'amertume, de revanche à prendre, de haine pour l'envahisseur, de

Sur la route. Mauvaises nouvelles de France,
Vasili Vasilyevich, 1899-1900.

Napoléon à Moscou, Albericht Adam, 1840.

Le grand incendie de Moscou, 1812,
Christian Oldendorp, 1813-1817.

courage, d'esprit caustique. Son instinct de chef avait pu lui souffler que le combat contre les Français était la chance de sa vie…
Pour Glinka, le chef des volontaires, célèbre organisateur de la résistance, la Providence avait tout simplement mis la main au bûcher. L'incendie de Moscou, c'était le feu venu du ciel pour purifier la ville. « Car, dit-il, là où, dans les palais du Kremlin, il y avait naguère les joies temporelles, des fleuves de feu coulent et consument la vanité des hommes ».
Une des tours du Kremlin s'enflamma bientôt. Quel contraste entre cette cité de l'enfer et celle qui avait offert à la contemplation de Napoléon son ensemble inoubliable de palais roses et verts, d'édifices azur et blancs, de coupoles, de flèches, de tours, de clochers, de dômes bleus, dorés, violets, comme posés sur une prairie immense, tant les parcs et les larges jardins étaient nombreux dans cette ville!
Tandis que la tour du Kremlin se transformait en torche, devant les vitres qui éclataient sous la chaleur, le comte de Ségur, aide de camp de l'Empereur, insista : « il faut partir, vite, ne pas perdre un instant ». Napoléon, très pâle, reprit peu à peu son sang-froid. Il contemplait l'incroyable vision de Moscou en flammes et, lui qui était resté sans voix pendant toute cette nuit terrible, s'exclama enfin : « Ce sont eux qui ont mis le feu. Quels hommes! Ce sont des Scythes! » Un peu plus tard, il s'écriera : « Quelle audace, des barbares! Quel spectacle épouvantable! »
Le maréchal Mortier fit tout son possible pour sauver le Kremlin. En vain. Alors que l'empereur hésitait encore, l'incendie menaçait d'embraser le palais et de couper toute retraite. L'aube pointait.
La situation devenait critique, une fumée âcre pénétrait dans le palais et coupait la respiration : « Cela dépasse tout, dit Napoléon en s'adressant à Caulaincourt. C'est une guerre d'extermination, une tactique horrible, sans précédent dans l'histoire de la civilisation… Brûler ses propres villes… Le démon inspire ces gens… Quelle résolution farouche… Quel peuple! Quel peuple! »
Comme fasciné, Napoléon restait immobile. Pour obtenir enfin qu'il quitte le palais, le vice-roi Eugène et le maréchal Berthier, son second favori, se jetèrent à ses genoux.
Une sinistre lueur rouge embrasait toujours le ciel. Toute la ville ou presque brûlait; les flammes jaillissaient en cinquante endroits à la fois. Le long des principales artères, tout n'était qu'une ligne de feu…
Les grenadiers français fusillèrent dans la cour du palais habité par Napoléon, les agents de la police russes qu'ils soupçonnaient d'avoir mis le feu. Les flammes surgissaient de partout. Il était trop tard pour partir vers le palais Petrovski situé dans les faubourgs de la ville. Napoléon, suivi de ses maréchaux, descendit en courant le grand escalier et s'élança dans

Matveï I. Platov, général russe, commandant les Cosaques du Don pendant la guerre contre Napoléon.

La cour de Pougachev, Vassily G. Pérov, 1879.

la fumée pour gagner une des portes du Kremlin. Mais là aussi, les flammes jaillissaient de tous côtés. L'Empereur et ses maréchaux durent emprunter le couloir souterrain du Kremlin, celui qu'avaient utilisé les boyards en 1682, pour échapper à la colère des streltsy.
Le 18 septembre, par chance, la pluie s'abattit sur Moscou et éteignit l'incendie. Le 19 septembre, l'Empereur revint au Kremlin et se fit apporter les archives de l'État russe concernant la révolte de Pougatchev, ce fameux chef de jacquerie russe. Napoléon s'enferma avec le consul de France à Moscou, Lesseps, et Caulaincourt et leur posa cette question: « Et si nous répétions l'exploit de Pougatchev ? Si nous appelions les paysans à la révolte ? Si nous ameutions les Cosaques contre le tsar ? »
Lesseps répondit: « Il faut trouver pour cela un faux Dimitri. Nous n'en avons pas. »
L'Empereur appela alors au Kremlin Mine Aubert-Chalais, une Française habitant depuis longtemps Moscou. Mais elle le dissuada de jouer la carte de la jacquerie russe. Vers le 15 octobre, Napoléon convoqua ses maréchaux et forma un grand conseil de Guerre.
Il proposa de brûler les restes de Moscou, de faire sauter le Kremlin, et de marcher sur Saint-Pétersbourg où Mac Donald viendrait rejoindre la Grande Armée. Mais, devant les protestations de ses maréchaux, Napoléon renonça à son plan. Celui que le peuple russe appelait désormais l'Antéchrist demeurait hébété en voyant sa victoire s'échapper en fumée sous ses yeux.
L'automne de cette année 1812 était exceptionnellement doux, fait rare dans cette région. Les feuilles dorées des arbres du Kremlin recouvraient les pavés devant la cathédrale Saint-Basile que l'empereur appelait avec mépris « la mosquée ». Il se tourna vers Caulaincourt et lui dit: « À Moscou l'automne est aussi doux qu'à Paris... Le Kremlin ressemble à Fontainebleau en cette saison. » Esquissant un sourire, il ajouta: « Voilà donc un échantillon de ce terrible hiver russe avec lequel M. de Caulaincourt fait peur aux enfants ! »
Le maréchal Berthier vint voir l'Empereur et insista pour quitter Moscou avant les pluies. Il était grand temps de se retirer dans les quartiers d'hiver; en outre, de fortes concentrations de Cosaques avaient été aperçues à une centaine de kilomètres du Kremlin.
Dans la nuit du 17 au 18 octobre, les troupes russes attaquèrent. Guidées par un espion russe d'origine polonaise, transfuge, sous-officier de l'armée française, les troupes du tsar coupèrent la retraite à Murat... Difficilement, celui-ci redressa la situation.
Dès qu'il reçut le rapport de Murat sur cette bataille, Napoléon ordonna de quitter Moscou. Mais les Russes engagèrent la bataille et le rejetèrent sur la

Portrait d'Alexandre Pouchkine par Wassili Tropinin, 1827.

route de Smolensk. Coupés de leurs bases de ravitaillement, harcelés jour et nuit, les soldats de Napoléon prirent la fuite. L'armée de l'empereur qui comptait plus de 500 000 hommes au départ n'en avait plus que 60 000 en traversant la Berezina ; 30 000 seulement rejoignirent la France... Le maréchal Koutouzov, commandant en chef des troupes russes, adjura Alexandre de s'arrêter sur le Niémen, car « l'écroulement définitif de Napoléon ne serait favorable qu'à l'Angleterre et aux ennemis de la Russie à la longue ».
Mais le tsar répondit sèchement : « Lui et moi ne pouvons régner ensemble. »

Apres l'incendie, Moscou s'est vite reconstruite, mais c'était une cité patriarcale et presque campagnarde. Des couleurs juxtaposées ressortaient une image composite, étrangement bigarrée.
À la limite des prés, la semelle poudreuse de la route cèdait à un pavage en galets roses.
Un arc de triomphe romain de style rococo, surgissait au milieu d'une esplanade, telle une lourde fantaisie d'archéologue transportée sur un champ de foire.
Des perspectives trop larges s'enfonçaient à travers de plats faubourgs. Les boutiques basses semblaient écrasées par les lettres énormes des enseignes.
Au fond des cours apparaissait enfin des palais splendides.
Toutes pâles dans la clarté du jour, des lampes veillaient, nichées en des coins de murs, devant des icônes aux couleurs flamboyantes.
Des commis, portant la casquette, les bottes et la chemise par-dessus la culotte, se signaient vite, en passant.
Au cœur de la ville, le Kremlin se dressait comme un décor rayonnant de l'univers insolite d'une Russie authentique.
Vu de la berge de la Moskova, il formait un prodigieux entassement de monastères bleus et de palais orange, de terrasses, de dômes et de belvédères, et d'églises blanches, plus hautes encore, étageant les unes au-dessus des autres leurs toitures vert amande et leurs clochers dorés.
Des églises à tous les carrefours : 450 églises, chacune avec son crépi au ton vif, rose géranium, bouton d'or ou myosotis.

Au long des trottoirs déambule une foule placide.
Sur les ponts, des marchands se tiennent debout, immobiles, leurs corbeilles à leurs pieds.
Dès qu'on s'éloigne du centre, l'animation, dans chaque quartier, se limite à quelques voies commerçantes. Situé aux lisières de la grande ville, la petite rue Pliouchtchika (qui existe toujours) où habita Tolstoï est parallèle, presque en bordure de la rive de la Moskova. Chaque semaine, selon la coutume, un convoi de ravitaillement apportait « de la campagne des provisions de toute nature, depuis le foin et l'avoine jusqu'aux pâtés de lièvre et aux fruits. »

Portrait de Nicolas Gogol par Otto F. T. Von Moeller, 1841.

Alentour s'étend un réseau inextricable de ruelles. Quand on s'y engage sans connaître son chemin, on se croit le jouet d'un enchantement qui le retient captif dans un cercle et le ramène sans cesse au même point.
Ce labyrinthe de ruelles était à l'époque un des charmes de l'ancienne Moscou. On y savourait une sorte de bonhomie et la simplicité des mœurs patriarcales.
La fine fleur de l'aristocratie y sentait à la fois sa province et son ancienne capitale. C'étaient de fameuses maisons de bois habillées d'une douce peinture grise ou d'un crépi laiteux ; des grands jardins qu'emplissait, au printemps, le chant des rossignols ; ou bien une lumière délicate de fin d'été qui ne blessait pas le ciel ; ou bien des branches d'arbres qui pendaient, en octobre, au-dessus d'une palissade, balancées au souffle de la première neige par-delà les grilles des magnifiques hôtels particuliers.
Pourquoi ne pas choisir un guide mythique afin de mieux comprendre le Moscou de XIXe siècle, ville de passions et de secrets ? Deux génies littéraires Pouchkine et Gogol, habitèrent tous les deux le quartier piétonnier de l'Arbat.
Pouchkine, juste après son mariage en 1832, vécut 53 rue Arbat. Gogol y fit un geste fatidique en brûlant le deuxième tome des *Âmes mortes* son œuvre emblématique, Aujourd'hui, 7 boulevard Nikitski se trouve un musée consacré à son œuvre devant lequel s'érige une statue à son effigie.
À Moscou les monarques peuvent devenir ermites et les écrivains prétendre au rôle de prophète.
Si les frontières demeurent floues entre la religion, la littérature, la politique et l'érotisme, cette étonnante symbiose fut souvent éclairée à travers les siècles par la quête incessante de la spiritualité. Sous la plume de Gogol, la morne réalité de la vie quotidienne se transforme en épopée fantastique. Il conserve les ressorts comiques de la narration, mais son œuvre traduit surtout la gravité d'une pensée qui sonde les profondeurs inquiétantes de l'âme.
Depuis dix-sept ans déjà, il travaillait aux *Âmes mortes* : « Le temps ne suffit à rien, absolument comme si le Malin me le volait. » Dans la nuit du 11 au 12 février 1852, Gogol pria jusqu'à trois heures du matin, réveilla un jeune domestique pour qu'il allume le poêle de son cabinet de travail, puis traversa son appartement un bougeoir à la main, en se signant dans chaque pièce. Avec sa bougie, il mit alors le feu à une liasse de cahiers et s'installa sur une chaise, attendant que soit brûlée la nouvelle et dernière version de la deuxième partie des *Âmes mortes*. Les manuscrits consumés, il se signa de nouveau et pleura. Il dira le lendemain avoir agi sous l'influence du Malin. Neuf jours plus tard, le 21 février, alité, délirant, il demanda : « L'échelle… vite l'échelle ! »

Cathédrale Saint-Basile-le-Bienheureux, 1900.

Portrait photographique de Tchaïkovski, 1890.

Ce furent ses derniers mots.
Dostoïevski, Tchaïkovski et d'autres sommités des arts vécurent aussi quelque temps dans ce quartier d'Arbat. N'oublions pas non plus les éloquentes pages de *Guerre et Paix* dans lesquelles Tolstoï décrit le vaste hôtel de la comtesse Rostov, connu de tout Moscou. Le buste de l'écrivain trône en face de cette demeure qui abrite aujourd'hui les associations des écrivains. Rien ne laissait prévoir, en ce temps-là, que la Russie allait passer la plus grande partie du siècle qui allait suivre sous une dictature totalitaire. Jamais, fait unique dans l'histoire de l'Empire, le pays n'avait été plus prospère ni plus libéral que durant cette décennie du règne de Nicolas II. Dans le domaine culturel, c'était le siècle d'argent, de ceux qui prônaient l'art pour l'art, l'époque des Ballets russes et de Tolstoï.
La capitale, à l'époque, ressemblait à celle des contes populaires, comme à celle des fastes et de la magnificence des mille et une nuits. Des hauteurs, la ville s'étendait avec ses jardins sombres, blanchis par la neige. Des ponts, les colonnes ruisselantes des réverbères glissaient dans le miroir des eaux noirâtres de la Moskova.
Les anciennes coutumes avaient encore cours. En automne, dans la cour de l'École des beaux-arts, se déroulait la cérémonie de la bénédiction des chevaux. Toute la rue était envahie par les chevaux, ainsi que par les cochers et les palefreniers qui les conduisaient à cette bénédiction, comme aux jours de la foire aux chevaux.
Puis, au cours des premières années du nouveau siècle, tout se transforma comme par l'effet d'une baguette magique. Moscou fut saisie par la fièvre des affaires des premières capitales mondiales. On se mit à édifier de hautes maisons de rapport. Dans toutes les rues, s'élevèrent vers le ciel de gigantesques constructions de brique. Et, dépassant les capitales européennes, Moscou posa les bases du nouvel art russe, l'art jeune, contemporain, vivant.

Cette époque peut être considérée à juste titre comme une sorte de sommet de la civilisation russe. « Pour la première fois, le monde occidental suivait la Russie, lui empruntant son style, ses goûts et ses valeurs spirituelles », constata l'historien américain Rhueff. Occupant alors la première place en Europe par le nombre d'habitants et la superficie (54,1 % de l'Europe, sans compter ses possessions d'Asie), l'empire des tsars apparaissait ainsi aux yeux du monde comme une grande puissance, promise à un grand avenir.
Le faste russe éclatait dans les dimensions gigantesques de cet édifice. En mettant pied à terre pour s'avancer vers les colonnes solennelles de l'entrée, couvertes de givre et éclairées par les boules laiteuses des lampadaires, Diaghilev eut le sentiment que le tsar en personne allait l'accueillir sur le seuil. Les traîneaux se rangeaient à tour de rôle devant le

Portrait photographique de Nicolas II, 1910.

péristyle. Des gendarmes criaient des ordres d'une voix enrouée. Les cochers juraient en tirant sur leurs rênes. Des nuages de vapeur montaient de la croupe des chevaux. Dans la lueur clignotante des lanternes de voitures, des valets s'affairaient pour aider à descendre quelque général à favoris blancs ou quelque jeune femme, poudrée de neige, qui riait en secouant son manteau de fourrure. Le vestibule, très lumineux, bourdonnait comme une ruche au soleil. Crânes chauves, diadèmes, épaules nues, fracs funèbres, uniformes constellés de décorations, tout un monde miroitant, scintillant, tournait sur place, papotait et s'écoulait lentement vers la grande porte vitrée qui menait à la salle. Fort de ce nouveau statut administratif, Diaghilev échangeait gaiement des saluts avec ses amis moscovites.

C'était jour de ballet. Tous les abonnés étaient là. Le spectacle commençait à huit heures. Chaque Moscovite de qualité avait sa loge louée pour la saison.

Un ouvreur à la tenue rouge et or, marquée des noires aigles impériales, précéda Diaghilev dans un long couloir convexe, orné de guirlandes et de médaillons, poussa une porte et s'effaça respectueusement pendant que le jeune directeur adjoint des théâtres impériaux pénétrait dans un écrin de tissu pourpre.

Les dames se recoiffaient devant la glace du petit salon avant de s'asseoir aux premières places, dans la loge. Leurs lorgnettes se braquèrent immédiatement sur le parterre. Chaque visage de l'orchestre et des baignoires leur était connu. Elles jouaient de l'éventail et commentaient à mi-voix l'habillement et la coiffure des autres femmes.

En réfléchissant à ses nouvelles attributions, Diaghilev considérait avec un sentiment de vertige les étages pansus des balcons, leurs nobles arabesques, les bordures de velours supportant des boîtes de bonbons, des programmes,

Portrait de Léon Tolstoï, 1901.

un coude nu, des doigts froissant un mouchoir. En bas comme en haut, des figures se tournaient dans tous les sens, des sourires se répondaient d'une travée à l'autre. Au-dessus de ce gouffre, flottait un énorme lustre de cristal. Face à la scène, la loge impériale était vide, mais ses hampes, ses lambrequins, ses blasons, son aigle bicéphale attestaient l'omniprésence du tsar Nicolas II.

Après ses séjours en Europe, toute cette richesse produisit sur ce jeune homme blasé une impression certaine. Il était ravi de se retrouver avec tant de gens prêts s'offrir le luxe d'un pareil divertissement. Dans la fosse d'orchestre, pleine de musiciens en habit, les plastrons blancs se penchaient sur les partitions blanches. Des violons, des hautbois, des clarinettes préludaient discrètement. La salle s'obscurcit, le chef d'orchestre sortit de terre, tapa le bord du pupitre avec sa baguette, et une musique suave monta vers le rideau cramoisi qu'éclairaient les feux de la rampe.

Le 22 juin 1897, le jeune acteur et animateur Stanislavski rencontrait le dramaturge Némirovitch-Dantchenko et, au cours d'un débat passionné, fixait les conditions de la renaissance théâtrale russe. De cette conversation devait naître le fameux Théâtre d'art de Moscou. Ce fut un marchand moscovite, qui finança cette entreprise révolutionnaire, Sawa Morozoff. D'ailleurs celui-ci finança aussi la revue de Diaghilev *Le monde de l'art* et, encore un paradoxe pour « l'âme slave » de ce milliardaire pas comme les autres, les activités révolutionnaires de Lénine…

Construit grâce à ses subventions, le nouveau bâtiment du Théâtre d'art de Moscou fut inauguré en 1902. Les deux fondateurs de ce théâtre étaient doués d'un extraordinaire talent pour la mise en scène qui « trouva sa voie » et atteignit le sommet de la perfection artistique grâce aux pièces de Tchekhov qu'il rendit célèbres, notamment *La mouette* (devenant bientôt l'emblème du théâtre, une mouette stylisée se posa sur le rideau de scène et sur les programmes).

Cependant ce fut la dramaturgie d'Anton Tchekhov qui détermina l'esprit de ce théâtre. Tolstoï et Tchékhov dominaient alors la littérature de toute la culture russe. Tolstoï, avec ses chefs-d'œuvres *Guerre et Paix* et *Anna Karénine*, achevait une époque.

Napoléon sur la retraite de Moscou, Jan Van Chelminski.

Le NAUFRAGE

PENDANT CE TEMPS, LA RUSSIE ÉTAIT ENTRAÎNÉE AUX CÔTÉS DES ALLIÉS dans la première guerre mondiale. À l'est, l'offensive lancée en Prusse orientale s'essoufflait, les Russes amorcèrent un repli qui devait durer jusqu'en 1917. Ce revers fut cependant compensé par leur victoire sur les Autrichiens en Galicie. Le tsar avait pris la tête de ses troupes. La guerre promettait d'être longue. En deux ans et demi, cinq millions et demi de Russes allaient être tués.

En novembre 1916, le dernier gouvernement, à bout de souffle, mit le tsar en garde : s'il n'acceptait pas certains changements, la révolution risquait d'éclater. Mais le tsar, rassuré par la présence des agents de sa police secrète au sein de tous les mouvements d'opposition, ignora le conseil de ses ministres.

Au début de l'année 1917, la situation politique s'était encore détériorée et les grèves devinrent de plus en plus fréquentes.

Le 8 mars, le Kremlin se réveilla avec un froid de quarante-trois degrés au-dessous de zéro. Deux cents locomotives devinrent d'immuables blocs de glace. Cinquante mille wagons destinés à ravitailler le centre de la Russie furent paralysés. Hommes et femmes affamés se déversèrent dans la rue, se mettant en grève. Et les soldats fraternisèrent avec les manifestants.

Le 15 mars, pour tenter de sauver la dynastie, Nicolas II abdiquait en faveur de son frère, le grand-duc Michel, mais celui-ci

Vladimir Lénine, 1920.

renonça au trône. Ce fut la fin de la dynastie des Romanov.
En octobre, l'insurrection bolchevique armée triomphait. Et, à l'ouverture du Congrès des soviets de toute la Russie, Lénine prenait la tête du gouvernement.
En 1918 la capitale du pays était transférée de Pétrograd à Moscou. Le leader bolchevique avait fait ce choix pour deux raisons. La première était politique – Saint-Pétersbourg symbolisait l'aristocratie tsariste. La seconde était stratégique – Moscou est située à l'intérieur des terres et se trouve donc moins exposée face à un éventuel ennemi.
En mars 1918, Lénine s'installait au deuxième étage de l'ancien bâtiment du Sénat, à l'intérieur de l'enceinte historique.
Le Kremlin possédait alors, à peu de choses près, sa physionomie d'aujourd'hui. C'est toujours le même triangle dont les murailles font près de deux kilomètres et demi de long et dont la superficie atteint vingt-sept hectares et demi. Pourtant au fil des années, les dirigeants communistes procéderont à certains aménagements.
Lénine fit d'abord réparer la tour Spasskaïa qui porte l'horloge et le carillon du Kremlin. Installés d'abord par un Anglais en 1625 et changés en 1706 à la demande de Pierre le Grand par des Hollandais, ils souffrirent lors des combats de 1917.
Le cadran ayant été partiellement détruit par un obus, le leader bolchevique fit alors installer un nouveau mécanisme qui interprétait *L'Internationale*.
En mai 1922, Lénine fut victime d'une première attaque cérébrale. L'atmosphère devint explosive au Kremlin, annonçant une impitoyable guerre de succession.
Le 21 janvier 1924 enfin, le leader bolchevique s'éteignit.
Staline ordonna, malgré l'opposition de ses pairs, de préparer des obsèques grandioses sur la place Rouge, dignes de l'Empire romain.
Le 26 janvier 1924, au XIe congrès des soviets, treize orateurs rendirent hommage

La Tour Spasskaïa.

au défunt. Staline parla le quatrième. Son discours donna le ton. D'une voix monocorde, il psalmodia un texte étrangement proche de la litanie et de l'incantation, utilisant les paroles et les rythmes propres à la liturgie orthodoxe. Après avoir invité à « construire le royaume du travail sur terre et non au ciel », il prononça un serment à Lénine, se posant en exécuteur testamentaire du dieu disparu et en grand prêtre de sa pensée réduite à des formules pieuses.
Cette apothéose marqua le point de départ d'un nouveau culte au Kremlin. Peu après la mort de Lénine, Staline avait convoqué Dzerjinski et plusieurs intellectuels de renom du parti, pour l'aider à mettre au point le système des symboles de cette religion païenne. Le mausolée de Lénine sur la place Rouge, sa divinisation, le Parti appelé « l'ordre des chevaliers porteurs d'épée », une inquisition représentée par la haute police furent la concrétisation de leur réflexion.
Au Bureau politique, il cita une lettre de « camarades de province » anonymes (donc dictée par lui) qui demandaient l'embaumement du défunt. La commission en avertit aussitôt la veuve de Lénine qui supplia dans la *Pravda* du 29 janvier 1924 de ne pas construire de monument ni de palais au nom de Lénine et de ne pas organiser de cérémonies pompeuses en son souvenir.
Embaumé, exposé dans un cercueil de verre, Lénine devint ce dieu éternel offert à l'adoration des foules qui permit à Staline de devenir le nouveau dieu vivant et d'imposer sa dictature personnelle au Kremlin.

Mausolée de Lénine 1929.

Joseph Staline, 1950.

Staline ou le GÉNIE DU MAL

IL NE FALLUT PAS LONGTEMPS - TROIS ANS -POUR QUE STALINE se place lui-même au centre de l'iconostase politique. Ne disait-il pas à sa belle-sœur : « Le peuple a besoin d'une idole, le peuple a besoin de fétiche, le Kremlin a besoin d'un tsar. » Et le dictateur de façonner habilement la symbolique de ce dieu vivant abritant une idole énigmatique siégeant à l'écart du monde, parfois souriante comme un bouddha, le plus souvent silencieuse.
Il s'installa au Kremlin et saisit dans ses mains robustes la destinée d'un peuple de cent soixante-cinq millions d'âmes. Il n'était guère aimé ; même dans son entourage le plus proche, on le craignait.
C'était un homme de taille moyenne, solidement charpenté, le front bas sillonné de rides, caché par une épaisse chevelure, les yeux foncés extrêmement vifs et fureteurs, la bouche impénétrable grâce à sa grosse moustache noire, qui cachait aussi un menton cruel. Staline s'habillait modestement, presque pauvrement : une paire de bottes de cavalerie, une chemise kaki, sans aucune décoration, une vieille capote de soldat sur les épaules.
Toutes ses attitudes étaient copiées sur celles du chef de la révolution russe…
Par son père, ivre pendant son enfance en présence d'une mère impuissante à le défendre, Staline nourrit un sentiment d'isolement face à un monde hostile. Pour sortir de sa solitude, il chercha à s'identifier à un idéal extérieur - d'abord un

ПРАВДА

Lénine et Staline, 1938.

légendaire bandit caucasien, puis Lénine -, mais surtout à obtenir la reconnaissance et l'amour des autres en devenant « l'homme d'acier » travaillant sans trêve enfermé dans ce Kremlin hanté par un passé sanglant et mystérieux … Chaque pierre, ici, lui rappelait les ombres terrifiantes d'Ivan le Terrible.

Un dieu doit être énigmatique et inaccessible. Maniaque du secret et hanté par la menace d'un complot, Staline vivait entre sa datcha, son bureau du Kremlin et sa Packard blindée, emplie de gardes du corps, dans laquelle il se rendait au centre de Moscou par une voie spécialement aménagée. La garde du Kremlin qui veillait sur lui et son entourage était composée de quinze mille hommes triés sur le volet. Cette garde prétorienne assurait aussi la sécurité autour du Kremlin, dans les immeubles environnants où vivaient les apparatchiks les plus fidèles et leurs familles. Comme Ivan IV, Staline se barricadait dans cet ensemble autonome et indépendant que formait l'ancien palais du tsar et les quartiers avoisinants.

Taciturne, inébranlable, des nerfs à toute épreuve hérités de ses ancêtres montagnards, il écoutait, notait, laissait chacun parler à sa guise ; ce n'est que lorsqu'il avait entendu le dernier orateur qu'il se levait et, d'une voix basse, forte et assurée, donnait ses ordres et dictait une résolution. Il lui arrivait de sourire à la façon d'un masque aztèque.

Le soir il retournait dans son modeste « trois pièces » du Kremlin, dont deux servaient, avant son arrivée, à loger des domestiques. Le mobilier était simple. Un vieux fauteuil placé près de la fenêtre, des rideaux de grosse toile ; sur une table en bois dépoli, l'éternel samovar, un verre de thé, une blague à tabac, deux ou trois pipes que Nadejda, sa femme, lui bourrait. Ses repas étaient plus que frugaux, un morceau de hareng et quelques pommes de terre ; son seul luxe était un verre de vin du Caucase. Pendant son travail, il buvait d'innombrables verres de thé.

L'art de recevoir AU KREMLIN

Intérieur du Grand Palais du Kremlin.

Le Grand Palais du Kremlin était la résidence du tsar lorsqu'il se trouvait à Moscou. Sa construction nécessita la destruction du précédent palais baroque qui se trouvait sur les lieux, ainsi que de l'église de Saint-Jean-le-Baptiste. Le palais fait 125 mètres de long, 47 mètres de haut et a une superficie de 25 000 mètres carrés.
Il contient le palais des Térems, neuf églises du XIVe, XVIe et XVIIe siècles et plus de 700 chambres. L'aile ouest accueille des réceptions d'état et anciennement les chambres de la famille impériale. Les cinq salles de réception sont nommées d'après les ordres de la Russie impériale : les salles Saint-Georges, Saint-Vladimir, Saint-Alexandre, Saint-André et Sainte-Catherine.
Le hall Gueorguievski est utilisée pour des réceptions diplomatiques ou d'État, ainsi que pour les cérémonies officielles. Les traités internationaux sont habituellement signés dans la salle Saint-Alexandre, qui mène au palais à Facettes, à la chambre de la tsarine, au palais des Térems et au palais des Congrès du Kremlin. Durant la période soviétique, la salle Saint-Alexandre et la salle Saint-André étaient utilisées pour les conférences du Soviet suprême de l'Union soviétique; elles furent restaurées dans les années 1990 pour retrouver leur style d'origine.
Les réceptions au Kremlin ont toujours gardé leur magnificence. Sous le règne du tsar Nicolas II, leurs Majestés arboraient parfois des costumes russes du XVIIe siècle, tels que les portaient les tsars et les tsarines avant Pierre le Grand. C'était une véritable débauche de brillants, de perles, de pierreries, de soies, de velours et de fourrures rares. La robe de l'impératrice pesait à elle seule trente-trois kilos !
Son long camail de toile d'or était fermé, à hauteur de la poitrine, par une griffe ornée d'un énorme spinelle, la plus belle pierre sans doute de tout le trésor impérial. Dans ces habits raides comme des armures, nos souverains bien-aimés avaient le visage même des anciennes icônes. Dans la salle, une table spéciale était dressée pour les hors-d'œuvre, les célèbres zakouski russe. Quant à la vodka, eau-de-vie de grain, il y en avait de plusieurs sortes : depuis la vodka blanche courante, jusqu'à la vodka au poivre, en passant par une vodka plus savoureuse, la *zoubrovka*, ainsi nommée parce que l'herbe qui lui donnait son parfum était très recherchée par un animal en voie de disparition : le *zoubr* (genre d'aurochs ou de bison). Les flacons glacés brillaient au-dessus d'un extraordinaire étalage de victuailles, que le maître d'hôtel détaillait à l'intention des invités : caviar frais, caviar pressé, filets de hareng, concombres à l'eau salée et aux aromates, esturgeon fumé, cochon de lait au raifort, saumon froid, petits pâtés chauds à la viande, aux choux, au poisson… Debout, les invité se servaient selon leur fantaisie, et accompagnaient chaque bouchée d'une rasade de vodka.

Grand Palais du Kremlin.

Intérieur du Palais des Térems.

Salle Saint-Georges, intérieur du Grand Palais du Kremlin.

La vodka appelait la nourriture, et la nourriture appelait la vodka.
Mais au temps soviétiques les réceptions ont été aussi souvent mémorables.
Le 14 août 1942, par exemple, Staline offrit une réception en honneur de Churchill, Premier ministre britannique, et Hopkins, envoyé plénipotentiaire américain. Les doubles portes s'ouvrirent sur une pièce octogonale, la salle Vladimir, coiffée d'une verrière, aux murs tendus de soie et décorés aux armes de l'ordre de saint Vladimir. Puis ils se rendirent au palais des Facettes où le XXe semblait côtoyer le XVIIe. Cette réplique du palazzo Bevilacqua de Bologne est un des bâtiments les plus anciens du Kremlin. Réalisé en pur style florentin - toit plat et dix-huit fenêtres carrées encadrées de minces colonnes –, le Kremlin est constitué au premier étage d'une seule pièce d'une surface de près de un demi, kilomètre carré. L'ensemble est couvert de quatre voûtes reposant sur un énorme et unique pilier central. Les fresques du plafond représentent Dieu tout-puissant et les régions célestes ; sur le mur sud, la transmission des insignes impériaux par le souverain byzantin au duc Vladimir de Russie ; sur le mur ouest, les justes Chevaliers et sur les autres, les aventures de Joseph et de ses frères.
Les invités abordèrent d'abord les salles réservées à l'apparat.
À neuf heures du soir, l'entrée de Churchill dans la salle Sainte-Catherine du Grand Palais du Kremlin fit sensation. Il portait une veste bleue à fermeture éclair, un col ouvert et sans cravate, tandis que les Russes étaient tous en uniformes de gala. Face à cet accoutrement bizarre pour une réception solennelle, Staline fit la grimace, ce qui mit Churchill dans une humeur de dogue… Deux maîtres d'hôtel en habit noir, cravatés et gantés de blanc, glissaient derrière les chaises. Leur manière de servir était parfaitement européenne, mais ils avaient des figures aux fortes pommettes et aux yeux bridés de conquérants mongols.
Le vin coulait dans les verres. Les grands vins étaient tous français, bien qu'il existât de très bons crus de Crimée. Le champagne, pour séduire les connaisseurs, devait être non frappé, comme en France, mais littéralement congelé, au point que des aiguilles de glace apparaissaient en suspension dans la bouteille.
Le menu ne cédait en rien aux menus des dîners des tsars.

Churchill qui arrivait d'une Angleterre rationnée au dernier degré et où même à Buckingham Palace on servait des œufs en poudre, fit quelques observations aigres-douces à ce sujet.
Le repas fut accompagné d'innombrables toasts. Et, à mesure que l'atmosphère s'échauffait, Staline devenait de plus en plus gai, tandis que l'humeur de Churchill s'assombrissait. Il y eut subitement un moment très pénible, lorsque l'ambas-

sadeur britannique, Archibald Clark Kerr, proposa un toast à la santé de Staline. Tout le monde se leva, à l'exception de Churchill. Se renversant dans son fauteuil et ouvrant le col de sa blouse encore plus largement, le Premier ministre s'adressa de sa voix de basse à l'ambassadeur de Sa Majesté britannique. « N'avez-vous pas été assez longtemps dans la carrière diplomatique pour connaître les règles de l'étiquette ? Un ambassadeur doit toujours s'adresser au ministre des Affaires étrangères du pays auprès duquel il est accrédité et non pas au président du Conseil... »

En assistant à cette querelle de Churchill avec son ambassadeur, Staline ne pouvait plus contenir sa joie.

Ministère des Affaires étrangères.

Il se leva, le sourire aux lèvres et dit : « Je voudrais proposer un toast qui ne trouvera pas d'écho. Je bois à la santé des officiers de l'Intelligence Service qui accomplissent une œuvre si importante. Je sais que personne ne saurait leur répondre, car les officiers de l'Intelligence Service n'ont pas coutume de se faire connaître... »

C'est alors qu'un incident imprévu se produisit. Tandis que les Britanniques gardaient un air imperturbable, l'attaché naval des États-Unis, le capitaine Jack Duncan, qui avait déjà goûté à tous les vins, à la vodka et au champagne, se leva et dit : « Je puis répondre au toast du président du Conseil au nom de l'Intelligence Service car j'en fais partie. » Staline éclata de rire, quitta sa place et vint trinquer avec Duncan qu'il ne quitta plus de la soirée. Ils sortirent tous deux de la salle Sainte-Catherine, vers une heure du matin, bras dessus, bras dessous...

Mais un des moments le plus mémorables reste la fête de la victoire contre les nazis en 1945. Et d'une manière impromptue, comme autrefois à la veille du défilé de la dernière chance de novembre 1941, Staline proposa à ses maréchaux : « Et si nous célébrions la défaite de l'Allemagne fasciste par une parade ? »

Ainsi fut envisagé un défilé mémorable pour le mois de juin, après le retour des représentants des troupes de Berlin.

Le tsar rouge, en grand metteur en scène des tragédies historiques, avait bien l'intention de se poser en vedette absolue et de mener lui-même la cérémonie.

N'étant pas cavalier, il prit quelques leçons d'équitation, puis une semaine avant la parade, monta le pur-sang arabe qui devait le mener à la tête des troupes. Mais au premier coup d'éperon, l'étalon à la robe grise se cabra. Le dictateur eut beau s'agripper à la crinière du cheval, il fut jeté à terre et se blessa l'épaule. Se redressant, il lâcha : « Joukov conduira la parade ! C'est un cavalier expérimenté. »

En effet, le vainqueur de la bataille de Berlin maîtrisa sans peine l'étalon.

Le grand jour, le 24 juin 1945 à 9 heures 57, le maréchal Joukov enfourcha sa monture à la principale porte du Kremlin.

Rencontre entre Staline et Churchill, 1944.

Dix heures sonnèrent. « Mon cœur battait à tout rompre », écrivit le grand chef de guerre.
Enveloppé de son long manteau, Staline arriva seul, d'un pas lent, sur le toit du mausolée de Lénine. La pluie dégoulinait de sa casquette sur son visage impassible. Selon la grande tradition de la Russie éternelle, toutes les cloches des cathédrales du Kremlin se mirent sonner à toute volée quand apparut Joukov.
L'eau, qui frappait le sol en rebondissant, formait un halo, rendant invisibles les pieds de son cheval. Et, tel saint Georges sauveur de la Russie, il semblait planer au-dessus des pavés.
Tandis que les chars, les orgues de Staline, roulaient à grand bruit, l'orchestre joua *Gloire à toi !*
Puis, après un moment de silence total, on entendit le roulement des tambours. Et, marchant à une cadence martiale, s'approchèrent les plus valeureux des soldats triés sur le volet, en grand uniforme, impeccablement alignés. Il faut dire que Staline avait donné l'ordre de les choisir non seulement pour leur bravoure mais aussi pour leur beauté et leur stature. Ainsi, sous cette pluie torrentielle, deux cents vigoureux géants, brandissant chacun une bannière nazie arrachée à l'ennemi dans les batailles les plus meurtrières, jetèrent les étendards maudits au pied du mausolée où trônait le tsar rouge.
Ces instants de triomphe marquèrent le zénith de sa vie. À certains égards, cette ville a davantage été marquée par les drames historiques de l'époque de Staline que par la révolution des bolcheviques. S'il a beaucoup détruit Moscou, il a fait ériger maints édifices à sa gloire.
Le premier monument stalinien reste sans aucun doute le métro. La première ligne fut inaugurée en mai 1935. Mais dans l'esprit du dictateur, le métro n'était pas simplement un moyen de transport ; cela faisait partie de toute la symbolique d'une néo-religion diabolique qu'il voulait instaurer en sa faveur.
À l'époque, les Soviétiques vivaient d'une manière très précaire et les stations de métro décorées de marbre, de bronze et parfois même d'or, impressionnaient la population. Staline ne parlait pas au hasard lorsqu'il disait à sa belle-sœur que le peuple avait besoin de fétiches et de splendeurs décoratives. D'ailleurs, il choisissait lui-même ces décors, comme le marbre cramoisi des stations ou l'impressionnante mosaïque de la station.
Les lieux de mes premiers rendez-vous amoureux étaient la station Place-de-la-Révolution, dont les statues de bronze représentent un véritable musée de l'art totalitaire. Ne manquez pas la station Arbatskaïa pour ses lustres mis en valeur par un marbre immaculé. Le métro, comme souvent à Moscou, est aussi un univers à double fond car il existe en dehors du métro officiel un métro secret, conçu à partir de 1947 par le dictateur pour assurer son voyage hors de la ville en cas

de crise des grands dignitaires.
La station secrète Tcentralnaïa, par exemple, se trouve dans l'enceinte de la station Arbatskaïa et possède un accès direct au ministère de la Défense. Le goût pour les souterrains secrets, tant appréciés autrefois par Ivan le Terrible, est toujours de rigueur en cette aube du troisième millénaire.
Parmi les édifices, il y a aussi les sept gratte-ciel érigés sous les ordres du dictateur, comme le ministère des Affaires étrangères ou l'université de Moscou avec son étoile rouge brillant au sommet de sa flèche haute de 240 m ou encore la maison de la Nomenclature, si appréciée de nos jours par les nouveaux russes, qui se trouve au confluent de la rivière Iaousa et de la Moskova.

Université d'État de Moscou.

La bataille de MOSCOU

CONVAINCU QU'IL POUVAIT ENCORE SAUVER MOSCOU, LE GÉNÉRAL JOUKOV réussit à renforcer quelque peu les lignes de défense. Mais les combats se rapprochaient. Les ambassadeurs étrangers furent alors invités à quitter la capitale.

L'ambiance devint apocalyptique. Dans les gares, quelques centaines de militaires faisaient un cordon pour retenir la foule. À la mi-octobre, l'anarchie régnait dans la ville déserte. On pillait les appartements vides, les réfugiés erraient à travers Moscou comme des fantômes, harcelés par des bandes de voyous. Dans les édifices officiels, on brûlait les archives. La nuit, les canons antiaériens illuminaient le ciel, mais le Kremlin à demi abandonné disparaissait dans l'obscurité, sous un camouflage surréaliste.

En effet, des artistes engagés par la police secrète avaient peint, sur une énorme toile, les façades d'une rangée de maisons pour cacher les contours de la forteresse des tsars. Plus que jamais le Kremlin répondait à la grande symbolique russe du « château assiégé. »

De plus en plus souvent, Staline quittait la vieille forteresse et passait la nuit enveloppé de son grand manteau rapiécé, sur un matelas, dans les souterrains du métro.

Les raids aériens allemands sur Moscou s'intensifiaient et les services secrets signalaient régulièrement la présence de parachutistes nazis à six kilomètres du Kremlin.

Tout semblait perdu.

Pour étonnant que cela puisse paraître, en ces moments fatidiques, le tsar rouge se tourna vers une nouvelle biographie d'Ivan le Terrible où il annota en marge « Quel professeur ! » et « Nous vaincrons ! »

15 octobre, le chef du Kremlin donna néanmoins l'ordre de diffuser sur les ondes le message suivant : « Nous défendrons la capitale jusqu'à la dernière goutte de sang, et Staline reste au Kremlin … »

Que faire ? Telle était la question que se posait encore Staline en dînant avec sa maîtresse, Valetchka, une femme simple et joyeuse.

D'une manière impromptue, il deman-

СЛАВА ТЕМ, КТО УМЕЛЫМ ОГНЕМ
ОХРАНЯЕТ НАС НОЧЬЮ И ДНЕМ!

« Gloire à ceux qui nous protègent jour et nuit », affiche de S.G. Aleinikov, 1941.

da : « Comptes-tu quitter Moscou ? » Le patriotisme de cette paysanne la poussa à répondre sans hésitation : « Moscou est notre mère patrie ! Il faut la défendre. »
« Voilà comment parlent les vrais Moscovites ! » tonna Staline.
Sur-le-champ, le dictateur appela Joukov : « Peut-on vraiment défendre Moscou ? Il m'est douloureux de vous poser cette question, mais il faut que vous me parliez sincèrement. »
Le courageux chef de guerre répondit oui, sans hésitation. « Vous êtes sûr de vous, c'est encourageant », constata Staline réconforté.
Désormais sa décision semblait prise. Mais pour l'annoncer, ce grand acteur politique choisira un décor approprié digne des grands drames historiques de la Russie éternelle. Une sorte de reconstitution du décor de l'opéra *Boris Godounov* ! Il demanda qu'on le mène à la gare où se pressaient des Moscovites désemparés.
Sous une tempête de neige, il marcha le long des rails jusqu'au train en partance, flottant dans son grand manteau râpé, le regard usé, et s'exclama : « Il n'y a pas d'évacuation. On reste ici jusqu'à la victoire ! ». Ces mots furent évidemment colportés à travers tout le pays.
Puis, seul dans une vieille Packard décapotable, derrière son chauffeur, Staline traversa la ville. Ses gardes du corps avaient recommandé de fermer la Packard, mais le tsar rouge avait repoussé cette suggestion d'un geste de dégoût. Et, enfoncé dans son siège, très pâle, il salua de la main les passants. Le mythe avait joué une fois de plus ! On assista à cette extraordinaire communion entre Staline et le peuple moscovite.

Pendant ce temps, à Berlin, le service de presse du Reich annonçait avant l'heure que la Russie était « finie ». Mais, en réalité les troupes nazies, embourbées et souffrant du gel, étaient déjà épuisées.
Personne ne savait que Staline disposait encore de 700 000 « hommes secrets ».
Le tsar rouge savait, grâce à son espion Richard Sorge, que Tokyo avait abandonné l'idée d'attaquer la Russie. Ainsi peut-il utiliser l'armée d'Extrême-Orient, qui avait à l'origine pour mission de défendre les frontières orientales contre le Japon.
À vrai dire, nous pouvons considérer Sorge comme un des véritables sauveurs de Moscou. Car, juste avant son arrestation, au moment le plus critique de l'offensive allemande, il avait envoyé un renseignement crucial : le Japon avait finalement décidé d'entrer en guerre, non pas contre l'Union Soviétique, mais contre les États-Unis, pour conquérir le Pacifique du Sud-Est.

Alors le tsar rouge ordonna de dégarnir le front sibérien et de jeter à l'ouest toutes ses dernières forces contre l'armée allemande. Incontestablement, le tsar rouge avait retrouvé le moral.
Le 30 octobre, il interrogea ses acolytes : « Et le défilé militaire, comment allons-nous l'organiser ? »
« Impossible ! » répondit catégoriquement le commandant de la capitale.

En entendant cette proposition, ses compagnons crurent d'ailleurs que leur chef blaguait. En effet les Allemands étaient à moins de soixante-dix kilomètres de la capitale et des parachutistes nazis étaient de nouveau signalés à Moscou même ! Mais Staline poursuivit d'un ton calme : « Je tiens à ce qu'un défilé militaire ait lieu le 7 novembre, jour de notre fête nationale. Si jamais un raid aérien se produit pendant la parade et qu'il y a des morts et des blessés, il faudra évacuer ceux-ci rapidement pour que le défilé puisse continuer. Il faudrait filmer l'événement et le projeter dans tout le pays. Je ferai un discours ... »

Une semaine plus tard, les hommes de la police secrète, ramassèrent les chaises du théâtre Bolchoï et les transportèrent le plus discrètement possible dans une station de métro.
Après s'être sustentés, à peine prirent-ils place sur les fauteuils dorés du Bolchoï que Staline surgit. L'orchestre joua Moussorgski. Puis le chef du Kremlin parla une demi-heure sur un ton très ferme : « S'ils veulent la guerre totale, ils l'auront ! »

Le lendemain, 7 novembre 1941, la parade devait commencer à huit heures du matin. Un peu plus tôt, alors qu'une tempête de neige soufflait sur Moscou, rendant peu probable une attaque allemande, Staline grimpa les marches menant au mausolée. Il dit, rassuré : « Dieu est avec nous ! »

Staline prononça un discours dans lequel il fit vibrer la corde sensible du peuple en s'adressant encore une fois à ses « frères et sœurs ». Il évoqua la mémoire des grands chefs militaires du pays et des grands saints orthodoxes.

Mikhaïl GORBATCHEV

QUELQUES SEMAINES APRÈS SON ACCESSION AU POUVOIR EN 1985, dès le début du printemps, Gorbatchev improvisa avec son épouse des promenades dans les rues de Moscou, le plus souvent sur la place Rouge. Les passants les reconnaissaient. Les gardes du corps restaient à distance, de manière à ce que le secrétaire général puisse bavarder, plaisanter, établir un contact.

Quel défi, pour Mikhaïl Gorbatchev, à mesure qu'il s'avançait au milieu des Moscovites fourbus, qu'il serrait les mains et caressait les enfants, que ces allées et venues d'individus réels, à la poursuite de pauvres et infinis bonheurs concrets ! Quelle leçon reçue des ressources vivrières et des objets, du sexe et du pouvoir, de l'âme et de l'esprit !

En ce mois de mars 1985 cependant, Gorbatchev errait, souvent solitaire, sur le chemin de ronde des hautes murailles du Kremlin.

La neige tombait sur une place Rouge qui semblait figée dans l'attente d'une ère nouvelle.

Il aspirait à contempler une fois encore l'insolite église Saint-Basile surmontée de bulbes aux teintes éclatantes, dont l'architecture intérieure laissait voir des cabines, des petites loges, des escaliers dérobés, des fenêtres de toutes formes percées ici et là. Mais sa vue se troubla, et il revint au Kremlin. Il se détendit peu à peu dans l'ambiance familière des pièces voûtées,

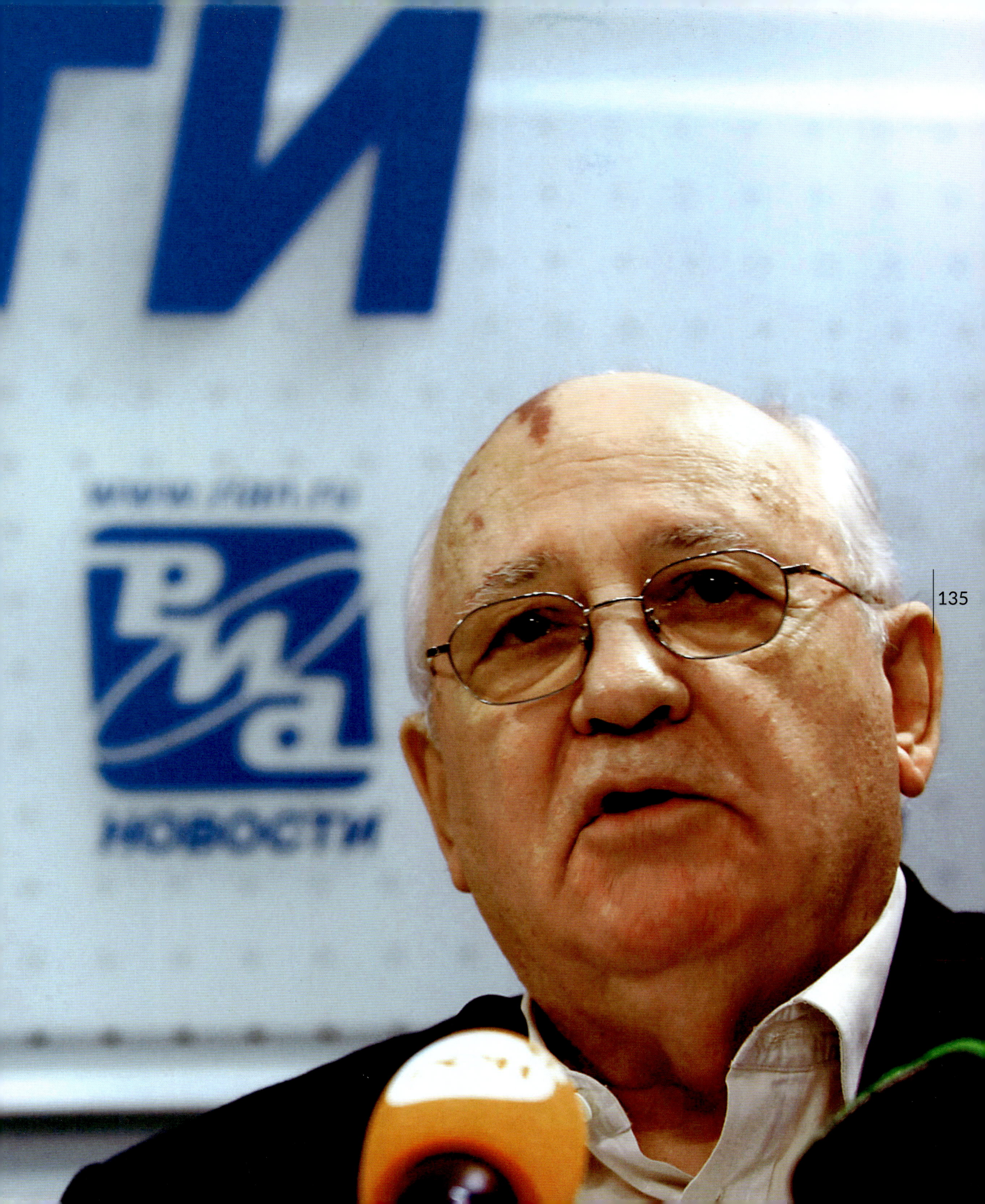

Mikhaïl Gorbatchev et Ronald Regan, Genève 1985.

couvertes de dessins religieux sur fond d'or. Quand on a tout perdu, la mémoire conserve en ses jardins secrets la nostalgie d'un temps révolu. Pour les Moscovites, la *nostalguia* ne recèle pas le mal du pays, simplement la fraternité de la cour de l'immeuble où on a grandi.

Chaque immeuble entouré d'arbres, que ce soit au bord de la Moscova ou de la Seine, réveille en nous les souvenirs.

Autrefois, chaque cour vibrait sous les cris des enfants. Les babouchkas surveillaient les petits tandis que les grands, à la sortie des écoles, venaient s'y défouler jusqu'au retour de leurs parents. On n'hésitait pas à sortir les tables, les bouteilles et les zakouski pour fêter la réussite à l'examen de l'un, la promotion de l'autre ou encore des fiançailles. Ainsi apprenait-on très jeune la façon de résister aux coups de massue de la vodka : expirer avant de lamper puis manger immédiatement quelque chose. Les jeunes femmes grimaçaient après chaque verre, mordant aussitôt dans le cornichon qui passait à la ronde. Les hommes avalaient une bouchée de pain. Pendant la guerre, le pain étant rare, les buveurs endurcis passaient un croûton à la ronde et se contentaient de le humer. L'odeur du pain suffisait, chez eux, à neutraliser la vodka. On pleurait ensemble un disparu ou l'on essayait de calmer les querelles survenant entre les familles. Si les adultes, partageant fréquemment leurs maigres victuailles, refaisaient le monde dans les cuisines, hantés par les menaces du régime suspendues au-dessus de leur tête, la vie offrait malgré tout aux enfants des rêves de liberté dans ces cours où ils étaient rois.

Poutine et l'importance DE MOSCOU AUJOURD'HUI

À L'ORÉE DU XXIe SIÈCLE, MOSCOU EST TOUJOURS À LA CROISÉE DES CHEMINS.

Son destin est-il lié à l'Occident ou à des alliances particulières telles que celles avec la Chine ou les anciens Alliés de l'URSS ? Depuis 2000, l'actuel chef du Kremlin Poutine détermine l'atmosphère à Moscou. Pourtant, il semble encore hésiter. Sous son règne, on assiste à la renaissance de l'ancien mode de pensée moscovite, fondé sur le particularisme. Le poète Alexandre Blok l'a dit : « Nous sommes les Scythes. Avec les yeux bridés. Nous sommes différents. »

Pour éviter la catastrophe nationale, Poutine, préconisa un seul antidote : la renaissance des structures étatiques, détruites par le chaos postcommuniste.

On remarque ici le pont historique établi par Poutine qui se voit lui-même en réincarnation du premier des Romanov, choisi par la Providence pour assurer la renaissance de Moscou après le Temps des Troubles « post-communiste » au nom de sa grandeur. Voici le stratagème secret de l'actuel maître du Kremlin.

L'autre message de Poutine, c'est son christianisme assumé.

Or la vision chrétienne de la chose publique est basée non pas sur l'affrontement entre une majorité et une opposition, mais sur l'idée de concorde et de cause commune.

Fidèle à la tradition moscovite, il considère

que la vie démocratique est devenue en Occident une sorte de délassement. « On y joue à la démocratie pour la galerie. » Mais il croit au fond que l'Europe et l'Amérique sont plus oligarchiques encore que les clans russes : certes le Kremlin « contrôle » ses oligarques tant bien que mal, alors que les pays occidentaux sont de plus en plus dépendants des pouvoirs de l'argent.
En assumant sa politique, Poutine se place aussi dans la rhétorique moscovite traditionnelle de soutien de tous les chrétiens de l'Orient qui, selon lui, sont lâchement abandonnés par l'Occident au profit du soutien aveugle des extrémistes islamistes.
Selon Poutine, le message de Moscou est celui de la capitale de l'Empire russe, tsariste puis soviétique, diluée en quelque sorte, dans l'identité soviétique, et qui semble puiser sa source principale dans l'allégeance à l'État.
L'essence de cette idée a pris ses racines au milieu XIXe siècle, forme d'organisation étatique caractérisée par un pouvoir central puissant, mécanisme efficace de succession des tsars et présence d'un dirigeant fort marqué par l'influence de l'orthodoxie devenue *de facto* idéologie étatique de la Russie postsoviétique.
Contrairement au clichés établis en Occident, le duo qui domine le Moscou actuel n'est pas représenté par Poutine et son actuel Premier ministre Medvedev (ce dernier reste ce qu'il a toujours été : un simple collaborateur de son patron).
Comme à l'époque des premiers Romanov, le patriarche de Moscou de l'Église orthodoxe russe joue un rôle éminent. Aujourd'hui le patriarche Kirill est devenu sans conteste un grand acteur politique charismatique. « N'écoutez pas les provocateurs, restez à la maison et priez » lance-t-il à la télévision en février, à la veille de manifestations organisées contre les fraudes des élections législatives. Les droits de l'homme sont un prétexte aux insultes contre les valeurs nationales », répète-t-il.
Une petite phrase symbolique fut lâchée lors d'une rencontre avec Vladimir Poutine en début d'année : « Votre présidence est un miracle » !
Il y 400 ans, l'élection du premier tsar de la dynastie Romanov couronné à Moscou fut aussi présentée par l'Église orthodoxe comme un miracle…

Annexe

Le Kremlin de Moscou abrite les sépultures de 47 tsars

Il comprend des cathédrales autour de la place :
la cathédrale de l'Archange-Saint-Michel
la cathédrale de l'Annonciation
le palais à Facettes
le palais des Térems
l'église de la Déposition-de-la-robe-de-la-Vierge
la cathédrale de la Dormition de Moscou
le palais du Patriarche
l'église des Douze Apôtres
le clocher d'Ivan le Grand

Il comprend d'autres bâtiments :
le Grand Palais du Kremlin
le Palais des Armures
le Palais des Menus Plaisirs
l'Arsenal du Kremlin
le Palais des Congrès du Kremlin
le Palais du Sénat
le Palais présidentiel

Monuments détruits :
le monument à la mémoire du grand-duc Serge Alexandrovitch
le Monument d'Alexandre II au Kremlin
l'église Saints Constantin et Hélène (XIVe siècle)
le monastère Tchoudov (XIVe siècle)
le couvent de l'ascension (XIVe siècle)
la cathédrale du sauveur-dans-la-forêt (XIVe siècle)
les chapelles attenantes aux tours de l'enceinte

Le Kremlin est flanqué de dix-neuf tours. La vingtième, la tour Koutafia, ne fait pas partie de l'enceinte de Kremlin. Toutes les tours du Kremlin sont différentes et irrégulièrement disposées le long de l'enceinte. Certaines sont rondes, d'autres quadrangulaires ou polygonales. Cinq d'entre elles possèdent une porte monumentale permettant l'accès à l'intérieur de l'enceinte. Elles sont construites en briques ; la partie inférieure est d'un aspect dépouillé conforme à leur fonction défensive, alors que la partie supérieure de certaines d'entre elles a une fonction décorative soulignée par les motifs de pierre blanche.

Les cinq plus hautes tours étaient autrefois ornées d'une aigle bicéphale : Vodovzodnaïa, Borovitskaïa, Troïtskaïa, Nikolskaïa et Spasskaïa.
En 1935, les aigles bicéphales impériales furent enlevées et remplacées deux ans plus tard par des étoiles en verre rouge pesant chacune entre 1 tonne et 1,5 tonne.

(cf. fr.wikipedia.org/wiki/kremlin_de_Moscou)

Crédits photographiques

Fotolia :
© Andrey Shevchenko
© Anna Alferova
© Gina Sanders
© scaliger
© 2bears
© Sailorr
© natalipopova2011
© ivan_varyukhin
© dmitrybarmin
© ekaterina_belova
© vesta48
© ID1974
© spaxiax
© Yuriy Kirsanov
© Gina Sanders

AKG
© akg-images / Jacqueline Guillot
© akg-images / RIA Nowosti
© akg-images / Jérôme da Cunha
© akg-images / Russian Picture Service
© akg-images

SCALA
© 2014 - Photo Scala, Florence
© 2014 – musée du quai Branly/Scala, Florence
© 2014 – DeAgostini Picture Library/Scala, Florence
© 2014 – Photo Fine Art Images/Heritage Images/Scala, Florence
© 2014 – DUfoto/Foto Scala, Florence
© 2014 – Christie's Images, London/Scala, Florence
© 2014 – Photo Scala Florence/Heritage Images

Achevé d'imprimer en octobre 2014 par l'imprimerie Lesaffre (Belgique)
Dépôt légal : octobre 2014